Great Masters and Goddesses

那些巨匠和他们的
缪斯女神

/插图本/ 余凤高————著

图书在版编目(CIP)数据

那些巨匠和他们的缪斯女神 / 余凤高著.—太原：
北岳文艺出版社，2019.1
ISBN 978-7-5378-5729-1

Ⅰ.①那… Ⅱ.①余… Ⅲ.①文艺工作者－列传－世界 Ⅳ.①K815.7

中国版本图书馆CIP数据核字(2018)第254618号

书　　名	那些巨匠和他们的缪斯女神
著　　者	余凤高
责任编辑	王朝军
书籍设计	张永文

出版发行	山西出版传媒集团·北岳文艺出版社
地　　址	山西省太原市并州南路57号
邮　　编	030012
电　　话	0351-5628696（发行部）
	0351-5628688（总编室）
传　　真	0351-5628680
网　　址	http://www.bywy.com
E－mail	bywycbs@163.com
印刷装订	山西人民印刷有限责任公司

开　　本	890mm×1240mm　1/32
字　　数	203千字
印　　张	8.125
版　　次	2019年1月第1版
印　　次	2019年1月太原第1次印刷
书　　号	ISBN 978-7-5378-5729-1
定　　价	45.00元

本书版权为本社独家所有，未经本社同意不得转载、摘编或复制

前言：缪斯的传说

赫西俄德是荷马之后古希腊最早的诗人。荷马实际上是古代弹唱英雄史诗的盲歌手的代名词，以署名荷马为作者的《伊利亚特》和《奥德修纪》乃是依据民间流传歌唱英雄业绩的许多短歌编写而成。赫西俄德则不同，他是一个活动期约在公元前700年的真实历史人物，且留下两部完整的史诗：记述诸神神话的《神谱》和描述农夫生活的《工作与时日》。

《神谱》一开头，赫西俄德就唱道：

> 让我们从赫利孔的缪斯开始歌唱吧，她们是这圣山的主人。她们轻步曼舞，或在碧蓝的泉水旁，或围绕着克洛诺斯之子、全能宙斯的圣坛。她们在珀美索斯河、马泉或俄尔美俄斯泉沐浴过娇柔的玉体后，在至高的赫利孔山上跳起优美

《阿波罗和众缪斯在赫利孔山上》 法国画家克洛德·洛林1680年的作品

可爱的舞蹈,舞步充满活力。她们夜间从这里出来,身披浓雾,用动听的歌声吟唱,赞美宙斯——神盾持有者,赞美威严的赫拉——亚哥斯的脚穿金鞋的女神,以及……

(张竹明等译文)

这里描写了众位缪斯的生活和活动状况。

赫西俄德称生活在奥林波斯(又译为奥林匹斯,下同)山上的缪斯是"伟大宙斯的九个女儿",她们的名字分别是:卡利俄珀、克利俄、欧忒耳珀、塔利亚、墨尔波墨涅、忒耳西科瑞、埃拉托、波林尼亚、乌拉尼亚。其中的"卡利俄珀是她们大家的首领","她们口吐优美歌声,用歌声赞美万物的法则和不朽众神的美好生活方式"。

另外,这九位缪斯,都有各自的职能:卡利俄珀通常持书写板,司掌英雄诗,即史诗;克利俄通常持卷轴,司掌历史;欧忒耳珀通常吹长笛,司音乐;塔利亚通常执喜剧面具,司掌喜剧;墨尔波墨涅通常持悲剧面具,司掌悲剧;忒耳西科瑞通常持里尔琴,作舞蹈状,司掌舞蹈;埃拉托通常持西特拉琴,司掌抒情诗;波林尼亚通常披纱巾,司掌圣诗或模拟艺术;乌拉尼亚通常持地球仪和罗盘,司掌天文。这里边包括了诗歌、音乐、戏剧、舞蹈等古代所有的文艺形式,甚至还有天文、历史。

除了缪斯的诞生、九位缪斯的名字和她们的性情品格特点外,赫西俄德《神谱》的主体部分还述说了宇宙诸神和奥林波斯诸神的诞生、他们之间的亲缘世系和他们的形象性情等。作者声称:"曾经有一天,当赫西俄德正在神圣的赫利孔山下放牧羊群时,缪斯教给他一支光荣的歌。也正是这些神女——神盾持有者宙斯之女、奥林波斯的缪斯,曾

《缪斯持卷轴》 约公元前430年的画作

对我说出如下的话，我是听到这话的第一人。"

这当然是赫西俄德的想象，但相信他是真心认为确有这么回事的。因为正如英国科学史家威廉·塞西尔·丹皮尔在《科学史及其与哲学和宗教的关系》中指出的："奥林波斯的宗教带有露骨的神人同形同性论色彩，像这样一种宗教，与其说是诉诸理智，不如说是诉诸想象力"，"就是要用可以理解的方式来解释自然及其过程——使人类在世界上感觉安适"。（李珩译文）

赫西俄德无疑还相信，他能够创作出《神谱》这部伟大诗篇，便是由于有缪斯赋予他灵感。这也是古希腊时代，甚至此后一个长时期中人们普遍的信念。希腊合唱琴歌的职业诗人品达罗斯（公元前518年或522年—约公元前438年）在《奥林匹斯颂》中声言："什么也比不过天赋的才能，

《赫西俄德和缪斯》 法国画家古斯塔夫·莫罗1891年的作品

可是有些人却想单凭学到的本领来争取名誉。如果没有上天的禀赋，一切也是徒然……"在《颂歌》中，他又再次说道："诗人的才能是天赋的，没有天才而强学作诗，喋喋不休，好比乌鸦呱呱叫，叫不出什么名堂来。"

那么，这"天赋"是怎么来的？是谁赋予，怎样"赋予"的呢？古希腊的两位哲学家苏格拉底和柏拉图就都相信是有神力的凭附。苏格拉底（公元前469年—公元前399年）断言，诗人写诗并不是凭智慧，而是要凭"天才的灵感"。柏拉图（公元前427年—公元前347年）更明确提出，要"有神力凭附"。古罗马的贺拉斯（公元前65年—公元前8年）也有类似的看法，他声称，诗人是神的"代言人"，"诗神把天才，把完美的表达能力，赐给了希腊人"。

在今天阿尔法狗击败世界顶级棋手的时代，"神力"只是被作为一个夸张的形容词运用，而不会被相信真的有什么"神"给人以某种助力。但是相信灵感的凭借却是存在的。一部具有典范式和首创性，而不是模仿的文学艺术作品的创作，往往都起自于灵感。

"发生认识论"认为，生物的发展是个体组织环境和适应环境这两种活动相互作用的过程，也就是生物的内部活动和外部活动的相互作用过程。平日里，作家、艺术家的意识领域本就存在某种固有的"格局"，当遇到外在的某种与之相合的刺激时，便会引起特定的反应，使心灵产生前所未有的撞击或震荡。这就可以看成是灵感的激发。像传说中的缪斯都是女性，作家、艺术家与某位女性之间的相处，往往就出现这种情况，不论出现剧痛或者狂喜，都会激起创作的灵感。这也就是人们把生活中赋予作家艺术家以灵感的女性称为"缪斯"的来源。

"缪斯"在人间。

目录
Contents

上篇：作家的缪斯

阿拉贡的艾尔莎　3

安徒生的珍妮·林德　15

爱伦·坡的弗吉尼亚·克里姆　24

巴尔扎克的"欧也妮"　35

歌德的玛丽安娜和乌尔里克　46

马雅可夫斯基的丽莉　54

毛姆的苏·琼斯　71

帕斯捷尔纳克的"拉拉"　080

小仲马的"玛丽"　093

叶芝的莫德·冈　103

下篇：艺术家的缪斯

毕加索的奥尔迦　115

达利的加拉　129

马蒂斯的丽季雅　143

莫迪里阿尼的安娜和珍妮　157

曼·雷的琪琪和李·米勒　174

莫奈的卡米耶　186

梅西昂的伊冯娜　196

施特劳斯的奥尔迦　206

夏加尔的贝拉　216

阿尔玛：一位魔性的缪斯　230

后记　245

GREAT MASTERS AND

GODDESSES

上 篇
作家的缪斯

1

阿拉贡的艾尔莎

路易·阿拉贡

曾与安德烈·勃勒东、菲利普·苏波一起创建"超现实主义"的法国诗人和小说家路易·阿拉贡（Louis Aragon，1897—1982）虽然背着私生子的坏名，但从小就显示出极高的天分，特别表现在写作方面。他甚至在还不会写字的时候，就已经开始口述故事，由他的姨妈记下来。从六岁到九岁，儿童时代的阿拉贡写过六十多篇微型小说，加起来大约有两三本学生练习册那么厚，虽然有些小说的几个章节，

3

每章只有几行字。他九岁那年,写出了一部长篇《卢内一家》。六年级考试时的一篇作文,法语老师认为写得很优美,被授予一等奖,并作为范文朗读给二年级的同学们听。成人之后,从1917年正式发表第一篇小说《贞洁小姐》献给大作家安德烈·纪德起,阿拉贡陆续出版了《阿尼塞或西洋景,小说》(1921)、《泰莱马格历险记》(1922)、《自由奔放》(1924)和《巴黎的农民》(1926),这期间还有其他几部作品在刊物上发表。作为一位作家,阿拉贡的创作,一开始就可说是十分顺利,但是正如俗话说的,有一好就没两好,阿拉贡在爱情方面遭遇了无比的坎坷。

南希·肯纳德

出身于英国上层阶级家庭的南希·克拉拉·肯纳德(Nancy Clara Cunard,1896—1965)是伦敦社交界的名媛。她在国外受过教育,包括法国和德国。在第一次世界大战中与军官、板球运动员西德尼·菲尔贝恩的婚姻破裂后,来巴黎定居,一身投入现代主义、超现实主义和达达主义运动。从这时起,她在举办上流社会交际活动的同时,先后出版了《不法之徒》(1921)、《尘世》(1923)、《时差》(1925)等诗集,并与几位作家、艺术家交往密切。南希生活十分随意,奥尔德斯·赫胥黎、欧内斯特·海明威、埃兹拉·庞德、詹姆斯·乔伊斯等,还包括路易·阿拉贡等,都是她的情夫,可以列出一长串名单。

南希·肯纳德是1926年认识阿拉贡的,当时阿拉贡心情比较烦闷。她见阿拉贡"像一个英俊的王子那么帅",一次两人一起乘坐出租车时,便在宽敞的车后座上"占有"了他。随后,两人一起去西班牙度假旅行,还去意大利看了南希的朋友诺曼·道格拉斯。1928年,阿拉贡帮助南希创建了"时时出版社",属当时法国的一个比较小的著名出版社,一直运作到1931年。但是不多久,两人的关系就难以维系了。

南希喜欢旅行,阿拉贡只好陪着她去西班牙、荷兰、意大利、德国以及法国的其他地方,这使他常常不能参加超现实主义团体的定期聚会。超现实主义是一个诗人的团体,本来,因为阿拉贡背地里还在创作小说,已使他和他们的关系有些不融合,如今这么一来,就更使他被团体怀疑与他们有矛盾。南希的个性也实在让阿拉贡难以接受。阿拉贡的传记作者皮埃尔·戴克斯写道:南希"不但常在酒吧间泡到很晚才回家,而且还喝得酩酊大醉。于是,她变得暴躁,无法自制,甚至发脾气,在精神上给阿拉贡造成很大的伤害。她还把自己过去的艳史讲给阿拉贡听,来折磨他……"(袁俊生译文)1928年,两人之间的感情已经破裂。9月里,南希带阿拉贡到了威尼斯后,阿拉贡甚至在这月中旬的一天服下安眠药水企图自杀。虽然做过军医的阿拉贡因"潜意识阻止他吞服致死的剂量"而安全获救,但是这爱情的痛苦,加上当时新出现在许多知识精英中间的共产主义和他原来的超现实主义的不调和,都使他在思想和创作上出现危机。也就是在这个时候,另一个女人艾尔莎·特里奥莱适时地出现了。

艾尔莎·特里奥莱(Elsa Triolet)原名艾尔莎·卡冈(Эльза Каган),1896年生于俄国里加的一个犹太人家庭,后来全家迁到莫斯科。她父亲尤利·阿列克山大洛维奇·卡冈是著名的律师,母亲叶连娜·尤利耶芙娜·别尔曼则是一位音乐家。

艾尔莎从小就喜欢文学。出于对诗歌的喜爱,她认识了诗人弗拉基米尔·马雅可夫斯基。与她的认识,也让马雅可夫斯基见到了大她五岁的她姐姐丽莉,并把丽莉看成是他的至爱,从丽莉那里获得灵感,创作出不少好诗。

1917年,当时还是建筑学院学生的艾尔莎结识了法国驻俄国军事代表团的骑兵军官安德烈·特里奥莱,几个月后,两人结婚,外出旅游。

本来,艾尔莎以为可以很快回来。谁知十月革命后,苏俄封锁了边境的口岸。于是,她也只好漂流海外了。1921年,艾尔莎与丈夫离异,来往于伦敦、柏林和南太平洋中的塔希提岛。旅途中获得的感受,使她得以用俄语写出了她的第一部小说《在塔希提岛》,但迟至1925年才出版。这是艾尔莎的处女作,虽然两年前就已出版过一部她和朋友——未来的小说家维克多·什克洛夫斯基合写的书信体小说《动物园,并非情书,或第三个爱洛绮丝》。她在这段时间的其他作品还有《林中草莓》(1926年,莫斯科)和《伪装》(1928年,莫斯科)。

艾尔莎往返于巴黎和莫斯科时,1924年在巴黎艺术家聚合的蒙帕纳斯住下,进入费尔南·莱热、马赛尔·杜尚等超现实主义艺术家的圈子。

早在1925年7月之前,艾尔莎就在"丁香园"酒店见到过阿拉贡。那段时间里,艾尔莎经常都在这家酒店写信、喝茶,一坐就是好几个小时。一天早晨,阿拉贡参加超现实主义在这里举办的宴会,曾有一位朋友向他指认过坐在阳台上的艾尔莎。

1928年秋,马雅可夫斯基来巴黎,是艾尔莎邀请他来的,并为他担任翻译。当时,这位俄国未来派诗人在巴黎文学界享有很高的名望,阿拉贡很想认识他,请他于11月6日在蒙巴纳斯附近的"穹顶酒家"见面。那天,阿拉贡的超现实主义朋友安德烈·蒂里翁也在那里,他因为所爱的女人离开了他,心情烦躁,独个儿躲在阳台上暗自神伤。阿拉贡上去安慰他时,蒂里翁记得艾尔莎也跟着上了阳台。她用目光审视了一下周围,像是开玩笑地说:"你们不让我看这个地方,都在这里干什么呀?"蒂里翁接着记述说:

> 阳台的后面,被用一块幕布隔成两部分,那里有一张又大又深的扶手椅。"就是在这里,还能做什么呢?做爱吗?"她说。我正好可以看到,她委身阿拉贡,大口大口地吻他。我猜得到发生了什么事。

一般都认为,1928年11月6日是阿拉贡和艾尔莎最终相识的日子,而且如原名为安娜·皮尔斯基的女小说家和传记作家多米尼克·德桑蒂所指出的,阿拉贡一定享受了与艾尔莎的第一次拥抱。但两人还没有马上结合,因为随后的那天晚上,阿拉贡不仅没有跟艾尔莎待在一起,反而去与南希跳舞。另有一次,他还向漂亮的舞蹈演员莱娜·安塞尔献殷勤。

不过,"艾尔莎虽然长得不像南希那么美",皮埃尔·戴克斯写道,"但她有另一种韵味:女性美和典雅的气质与她的聪明才智相得益彰,就连阿拉贡也为她的聪明才智所折服"。于是,对一个刚失去恋人的男人和一个主动迎合男人的女子来说,《巴黎的放荡》的作者达恩·弗兰克说:"以后事态的发展不难想象。他们经常在城堡街幽会……"

1929年初,路易·阿拉贡和艾尔莎·特里奥莱一起住进了蒙帕纳斯

艾尔莎和阿拉贡

区中心地段康帕涅街阿拉贡租来的工作室，开始同居。虽然他们迟至1939年才正式结婚，但从这时开始，此前的诸如莱娜等女人都消失不见了，他们两个真正不可分离地结合在一起。如艾尔莎在1929年4月8日的日记中所说的："我们俩终于生活在一起了……这是我生活里难以想象的事件。我们一起度过美好的时光，爱情的时光。"

从此之后，阿拉贡不但和艾尔莎在一起，还从他的这个极具聪明才智的女人那里获得了创作的灵感和其他的多方面帮助。

早年阿拉贡是经超现实主义诗人安德烈·勃勒东的介绍，参加达达主义等先锋运动的。本来，超现实主义者对苏联都抱有钦佩之情。为了探求意识形态，阿拉贡靠拢共产党，并像20世纪20年代的许多激进知识分子那样，受到深刻的影响，参加了共产党；还曾因在法国号召革命，被判五年徒刑，缓期执行。

1929年2月20日，丽莉和她的丈夫勃里克外出旅游，经华沙到达柏林。丽莉打电话给艾尔莎和她母亲，于是阿拉贡和艾尔莎前去柏林看望他们。

丽莉的丈夫奥西普·马克西莫维奇·勃里克，其父虽是一位有钱的跨国大古董商和大珠宝商，但他本人在十月革命前曾参加过学生运动；布尔什维克取得政权之后，受到当时任人民教育委员会委员的安纳托里·卢纳察尔斯基的重用，有研究者怀疑他可能还是苏联"肃反"组织"契卡"的秘密成员。勃里克在感情方面，崇尚当时许多知识分子中间流行的仿效车尔尼雪夫斯基小说《怎么办？》中宣扬的"爱情自由"观，即恋爱自由、情感真诚和个性独立自主。他喜爱文学，尤爱诗歌，出版过诗集和评论集。基于他的这一爱情观，他不计妻子和马雅可夫斯基的情人关系，曾不止一次真诚地掏钱帮助马雅可夫斯基出版诗作。

艾尔莎和阿拉贡于3月22日到达柏林，与姐姐和姐夫一起待了十三天，直至他们去伦敦。交谈中，艾尔莎想通过勃里克帮助阿拉贡成为苏联文学机构的联系人。这一愿望虽然因为阿拉贡仍然没有摆脱勃勒东的超现实主义圈子而未能立即实现，但是后来毕竟还是起了作用。

艾尔莎看到阿拉贡具有文学创作的天赋，同时也看到这天赋被超现实主义和无政府主义的禁律束缚。勃勒东的超现实主义强调将经验的有意识领域和无意识领域完美结合，让梦和幻象的世界在"一种绝对的现实、一种超现实"中与日常的理性世界相连接。有些超现实主义者甚至一意追求无意识的自发显示，摒弃有意识的头脑的约束，甚至崇尚所谓的"自动书写"。艾尔莎坚信此种观念不仅无助于艺术创作，相反只会阻碍正常的艺术创作。她决意要让阿拉贡摆脱勃勒东，帮助他走出超现实主义的藩篱，跨上现实主义之路。同时她也明白，阿拉贡只有和超现实主义的老朋友脱离，才有可能去他向往的苏联。

1930年9月底，艾尔莎与阿拉贡从巴黎出发去柏林，看望她的与母亲待在一起的姐姐丽莉。马雅可夫斯基刚在4月14日自杀，除了在政治和文学上与"俄罗斯无产阶级作家联盟"及苏联当局发生龃龉，与丽莉和另一个女人的感情纠葛也是原因之一，这使丽莉陷入了无比的痛苦之中。在柏林，艾尔莎和阿拉贡遇到法国记者、电影作家乔治·萨杜尔，他正在等待签证去往乌克兰苏维埃联邦共和国的首都哈尔科夫参加革命作家代表大会。既然萨杜尔的签证还得等待，无法跟随他们同往，于是艾尔莎和阿拉贡就只管自己走了（也有材料说是与萨杜尔一起走的）。一辆慢车带他们穿越波兰，到达苏联边境，接着他们见到了丽莉和一群朋友，于是顺利地到了莫斯科。经艾尔莎斡旋，阿拉贡得以受邀参加1930年11月5日至12日在哈尔科夫举办的作家代表大会。大会结束回到莫斯科后，阿拉贡和萨杜尔于12月1日同意签署了一份显然是由苏联文学界最高权力机构策划的"检讨信"。在这检讨信里，阿拉贡和萨杜尔承认，作为共产党员，本应让党去有效地监督自己的文学活动，并将此活动置于党的控制之下；在这方面，他们两人犯了"原则性错误"。检讨信还表示，虽然自己与超现实主义团体中的其他成员所发表的个人作品没有任何关系，但只要这些作品打着"超现实主义"的名号，或带有"超现实主义色彩"，"我们就应当担起责任来。尤其是安德烈·勃勒东的《超现实主义第二宣言》，因为它违背了辩证唯物主义。……我们始终坚持辩证唯物主义，进而拒绝所有的唯心主义思潮，特别是弗洛伊德主义"等等。

　　阿拉贡签字并做这样的自我批评，一个原因是与苏方的默契——这是邀请他们参加会议的必不可少的条件，另一个不可忽视的原因是涉及他与艾尔莎之间的关系，如传记作家所指出的："阿拉贡无法拒绝签字，那是因为他得考虑艾尔莎及其家人的处境，尤其是得考虑丽莉的处境。拒绝签字就意味着和共产主义决裂，对于阿拉贡来说，也就意味着和他的爱情生活决裂。"

　　走上这条路后，必然的结果是回法国后与勃勒东决裂，同时必然地也开始由超现实主义的重视内部向外部方向转型，下决心走现实主义的道路。

此前，艾尔莎的前夫安德烈·特里奥莱每月都按时给艾尔莎寄1000法郎的生活费；如今艾尔莎已经与阿拉贡同居，自然不能再要这笔钱了。生活的拮据，让艾尔莎觉得不得不节制开支，同时又设法为著名服装设计师制作项链，并取得了成功。但是，为了支持阿拉贡，艾尔莎只好舍弃这项收入，凭借姐夫勃里克与苏联当局的关系，让苏联人邀请他们夫妇去苏联访问。结果，从1932年春至1933年春，他们两人在苏联逗留了一年，在此期间，阿拉贡得以担任苏联《世界文学》杂志法文版的编辑，既远离了超现实主义者，又受到现实主义和社会主义现实主义文学的熏陶。1934年夏，阿拉贡又去苏联，出席苏联作家联盟第一届代表大会。1936年，再次去苏联访问，参加了大作家马克西姆·高尔基的葬礼。结果也是明显的：阿拉贡出版了文集《关于社会主义现实主义》，并继《巴塞尔的钟声》之后，以现实主义的手法创作了他以"真实世界"为总题的系列作品的第二部——小说《上等街区》。

《上等街区》描写了两个兄弟：爱德蒙·巴邦塔纳找了一个富有的女人做情妇，靠她来养活；阿尔芒·巴邦塔纳十七岁就离家进工厂做工。作者在这部作品中，以现实主义的态度来探索法国的社会，书中融入了作家父亲所在的教区和母亲在土伦生活的回忆，当然也少不了他自己青少年时代的生活，如作品中的泰蕾丝·卡洛塔就与南希非常相似。

小说在苏联时动笔，于1936年6月10日完成，同年10月出版。在书的"后记"中，阿拉贡表示将此书献给多方面帮助他的、他亲爱的艾尔莎："正是由于她，我才有今天。正是由于她，我才在厚重的云层里见到现实世界的入口，在那个世界里或生或死都是值得的。"

在1939年2月25日接到结婚证书后,"作家、报纸编辑路易·阿拉贡"和"作家艾尔莎·卡冈"于2月28日在巴黎第一区政府举行结婚仪式,他们的合法地位得到了解决。婚后的两个月里,他们一心创作,艾尔莎刚在几个月前出版了她用法文写的第一个短篇小说集《晚安,泰蕾丝》。随后,夫妇俩穿越大西洋,应邀去纽约参加左翼作家代表大会。

艾尔莎说得对,从1928年两人结合时起,阿拉贡和她就"真正不可分离地在一起了",即使是在第二次世界大战期间阿拉贡应征上了前线和德国法西斯入侵法国转入地下之时,阿拉贡也一次次与艾尔莎取得联系,团聚在一起,共同从事抵制纳粹的反抗运动。就算在两人一度被误解的时候,他们也都互相支持,互敬互爱。阿拉贡始终保持对艾尔莎的爱,并深深感谢艾尔莎的爱。

早在1931年的诗集《受迫害的迫害者》中,阿拉贡就有一首诗是题献给艾尔莎的,此诗描写诗人与超现实主义决裂后,因为有艾尔莎的爱的滋润,创作上才有新的开启。1941年的《断肠集》也是献给艾尔莎的,阿拉贡题献说:"献给艾尔莎,我每一次心的跳动都向着艾尔莎。"第二年,也就是1942年,阿拉贡出版了两部诗集《献给艾尔莎的赞歌》和《艾尔莎的眼睛》。诗人这样赞美他深爱的妻子:"形容她任何字眼不过分不荒唐/我用云锦为她设计了一件衣裳/我将使天使妒忌她晶莹的翅膀/燕子妒忌她的宝气珠光/大地的花卉将感到被冷落遗忘";"……我……搜索枯肠啊呕尽心血方止/凑成拙作战利品向你奉献";"……我的明星我灿烂夺目的明星/你怎能让我安心就寝/世态炎凉挡不住我向你献心"。大作家安德烈·纪德称赞《艾尔莎的眼睛》中提前发表在刊物上的四首以"夜"为题的组诗说:"这是我多时来没有读到过的最好的诗。"

从1931年至1982年，在阿拉贡出版的差不多二十部诗集中，多出现有艾尔莎的名字，有的是部分，有的是全部为艾尔莎而作。他在诗中尽情赞美了艾尔莎的魅力，倾诉他对艾尔莎的爱，甚至说自己终于成了"迷恋艾尔莎的人"。他还以"迷恋艾尔莎的人"为题，写出多首诗篇，诗中写道："不管你怎么做怎么说／我曾是跟随你的影子……／不管你怎么做怎么说／我寸步不离你的脚印……／不管你怎么做怎么说／你被我死缠住甩不开／你和我掺杂有往有来／怎舍得我窃取的幸福／扔不下使我战栗的爱……不管你怎么做怎么说／离世之日已掐指可数／天涯各方的人在叙述／我贪恋在你的双膝上／好似一把松开的花束／不管你怎么做怎么说。"（本段和上一段的诗句，均引自沈志明的译文）异常感人地表达了诗人对艾尔莎的至死不渝的爱。

阿拉贡对艾尔莎的爱并不限于夫妻间的床笫之爱。就在他向好友坦言两人已经没有性生活之后，他仍然保持着对她的爱，甚至爱得更为深沉。这是因为如他在为《艾尔莎的眼睛》所作的长篇序言中又一次表示的，是由于自己有幸得到艾尔莎的启迪，才得以从迷茫中觉醒过来，并能"通过你（艾尔莎）的眼睛看清世界，是你（艾尔莎）使我感受到这个世界，是你教我懂得人类感情的意义"。也就是在《艾尔莎的眼睛》的结尾所表述的："在宇宙毁灭、船只触礁之后／会有一个美好的夜晚／我会在大海的上空看到热切的／艾尔莎的眼睛艾尔莎的眼睛艾尔莎的眼睛。"

心心相印、同甘共苦的爱，促使艾尔莎和阿拉贡两人在精神上沟通，并得到升华，从而在创作上获得成功。艾尔莎表现抵抗运动的短篇小说集《第一次冲突花费二百法郎》获1945年龚古尔文学奖；阿拉贡继续以传统现实主义的手法创作出《共产党人》六卷，尽管也有人认为是失败之作。1964年，《艾尔莎·特里奥莱和阿拉贡交叉小说集》

出版。直至面对衰老挑战之时，阿拉贡仍然如戴克斯说的，"可以在成功的光环里去歌颂艾尔莎"："撕开我的肌肤割裂我的躯体／除天堂外你们还看到什么／艾尔莎我的光明／你们将那光明比作里面的颂歌／将她那柔情／比作一个崭新的世界。"他不但把对艾尔莎的爱扩大，以至和对法兰西祖国的爱糅合到一起，还从艾尔莎身上看到了女性的伟大，声称"女人是男人的美好未来"。

艾尔莎本来身体就比较差，终于在 1970 年 6 月 16 日永远离开了深爱她的丈夫。在 9 月安葬的那天，天阴沉沉的，冰冷的蒙蒙细雨把人的衣服都淋湿了。阿拉贡从一大堆玫瑰中取出一束来，将花瓣一朵朵摘下，放在爱妻的墓上。人们以为这只是象征性的手势，可是他又取过另一束、第三束、第四束甚至第七束，不断地掰下花瓣，一片片放到艾尔莎的墓上。随后，他不用任何雨具，戴克斯说："像钟摆一样在花堆和艾尔莎的墓穴之间来回走着……毫不动摇地来回走着。"戴克斯认为，"他是在强迫所有在场的人将这时间用来向艾尔莎表示敬意"。

2

安徒生的珍妮·林德

> 你们当然都知道,在中国,皇帝是中国人,他周围的人也都是中国人。……皇帝住的皇宫,是世界上最宏伟的,真的,全是用最精美的瓷砖瓦砌成的……花园里有各种各样的奇花异草,在最美的花枝上都系着银铃,发出清脆的声音……是的,在御花园里,一切都是非常精细布置的……
>
> 许多旅行的人从世界各地来到皇帝的首都,他们极为赞赏这座大都城、皇宫、花园,可是在听过夜莺唱后,他们便异口同声地说:"夜莺是最好的!"
>
> ——林桦译文

这是丹麦童话作家汉斯·安徒生的童话《夜莺》的开头部分。在安徒生的童话中,《夜莺》虽然没有《小人鱼》《皇帝的新衣》等有名,但是,如果知道它是怎么写出的,知道是作家献给他所深深爱着的缪斯——有"瑞典的夜莺"之称的瑞典歌唱家珍妮·林德,那么就会感到这篇童话是具有特别意义的,而相信作者一开头就迫不及待地说"夜莺是最好的",实在是在向珍妮诉说他的深挚爱意。

珍妮·林德(Jenny Lind,1820—1887)生于瑞典首都斯德哥尔摩的克拉拉教区,母亲安娜·玛丽娅·拉德伯格出身于中产阶级家庭,是一家私立小学的教师。安娜1910年与一位海军上校结婚,有一个女

珍妮·林德画像

儿。但这段婚姻只持续了一年多。分手后，安娜感到自己经济状况和社会状况都很不稳定，于是就与二十二岁的尼克拉斯·约翰·林德同居，另外生了一个女儿，依父母的姓氏取名约翰娜·玛丽娅·林德。这个女孩子就是后来的珍妮·林德。

尼克拉斯·林德倒也不是一个毫无素养的人，他有一定的音乐才华，以解释瑞典18世纪伟大诗人和音乐家卡尔·贝尔曼的作品为人所知。也许他使珍妮获得了某些音乐的天赋。但他只爱交友、狂饮，完全没有责任心，即使安娜一直称自己是他的"林德夫人"，他也不放在心上。孩子生下之后，他就一走了事，把家交给了安娜。

安娜没有经济能力养活孩子，于是在珍妮还只有一岁的时候，就把她交给斯德哥尔摩北郊索伦蒂纳的一位风琴手和教区执事卡尔·费恩达尔寄养。珍妮到四岁时回来，但没过几年，安娜就把她扔下，自己带着她的大女儿移居瑞典东南部的林科平。这次是一对没有孩子的夫妇，以外祖父母的名义带着珍妮与他们共同生活。

珍妮小时长得不算漂亮，她在自传中说自己九岁的时候，是"一个又小又丑又笨，大鼻子，害羞且是长不高的女孩子"。但这只"丑小鸭"没有被悲观的心理所压倒，她在自己的生活中找到了快乐。她回忆说："我踩着我的小脚，边跳边唱歌。"她还特别喜欢把歌唱给她的小猫听。她在小猫的脖子上围了一条蓝色的丝带，和它一起玩耍。她也常常独个儿坐在窗台上唱，美妙的歌声引起许多过路的行人止步谛听。

老夫妇住的地方是在斯德哥尔摩市中心的一座公园边上，瑞典"皇家歌剧院"离他们的家不远。一次，皇家歌剧院芭蕾舞演员伦德伯格小姐的女仆路过这里，被珍妮纯正清晰的歌声惊呆了，觉得她唱得简直好极了。她回去之后，便立即把此事告诉了她的女主人，并怂恿她，也不妨去听听女孩动听的歌声。

伦德伯格小姐听了女仆的话后，找时间去听了一下，非常惊讶珍妮竟然有如此美妙的歌喉，相信她绝对是一个天才。她向歌剧院提出，可否安排这个女孩子来皇家歌剧院试唱一次。歌剧院的总管听了她的建议后问："她几岁？""九岁。""九岁？！"总管不相信，说："这里可不是幼儿园，而是皇家歌剧院！"但是当他被说服听过珍妮的歌唱之后，立即就改变了主意，同意她来，让她由政府资助学习声乐。

几乎在入剧院之后，珍妮·林德就开始登台，起初当然只扮演一些不重要的儿童角色之类。不过这种锻炼，对珍妮来说实际上还很有用的，结果到她十五岁时，就已经发挥出她的音乐天赋，并且在瑞典首都以外也有了一点小名气。这年，她参加了十八次演出，甚至首次出现在大歌剧的舞台上。第二年，即1837年，她被提升为正式演员，一年中共登台九十二次。

珍妮·林德在斯德哥尔摩皇家剧院上演的歌剧中扮演角色一直唱到1840年，然后去外省做短期旅行演出。但她觉得，不能老是这样下去，得继续深造才对。1841年7月1日，珍妮去巴黎，请世界著名的男高音歌唱家、最有声望的声乐教师之一曼努埃尔·帕特里修·罗德里格斯·加西亚教她。最初，曼努埃尔·加西亚听了她唱的意大利歌剧作曲家盖塔诺·多尼采蒂的歌剧《拉美莫尔的露契亚》中的一段演唱之后，

17

描绘珍妮演出的画作

不以为然地说:"小姐,你的嗓音过分疲劳,或者你原本就没有好嗓子,怕是教你也是白费精力。"加西亚的话使珍妮感到极度的痛苦,一下子流出了眼泪。几年之后,她曾跟德国作曲家费里克斯·门德尔松说起,这是她一生中最感痛苦的一刻。但她没有气馁,仍然鼓起勇气恳求加西亚收她为徒。加西亚勉强答应,说请她先回去,休息一个时期,停止歌唱三个月,甚至连话都得尽量少说,"然后我再听你唱"。珍妮听从了加西亚的教导。当她再次去见加西亚时,果然获得了他的赏识,收她为学生。向名师十个月的学习,对珍妮·林德来说是极其重要的,珍妮衷心感谢加西亚教给她"一些重要的东西",但她相信自己的天赋,她说,她不想遵循任何人的规则来唱歌,她所努力追求的是要像鸟儿一样自然地歌唱,她认为,只有唱得最好的鸟儿,才合乎她对歌唱所要求的真实、清晰和传神。看来,珍妮·林德后来确实做到这一点了。著有经典音乐理论著作《论音乐的美》的奥地利音乐理论家爱德华·汉斯立克听过后,称赞珍妮·林德的歌唱"接近最伟大的自然界的美的表现"。他评论她说:"极为精巧地摹仿了鸟儿的歌唱,几乎超越了音乐的界线,在珍妮·林德的口中,这种婉转、清脆的歌声非常美妙迷人。鸟儿欢乐的歌声通过高超华丽的唱法技巧,给我们带来树林中新鲜的、自然的、令人陶醉的感受,真是奇妙无比。"因此,珍妮·林德作为花腔女高音歌唱家,与另外两位歌唱家——德国的亨里埃塔·松塔(1806—1854)和意大利的阿德琳娜·帕蒂(1843—1919)并称为19世纪的三只"夜莺",珍妮也以"瑞典的夜莺"而闻名。

1843年秋,丹麦首都哥本哈根以极大的热情欢迎珍妮·林德第一次去那里访问演出。这年,安徒生也正好出版了《即兴诗人》《奥·特》《不过是个提琴手》和第一部童话集,满载盛誉周游欧洲之后,他回到了自己的祖国丹麦。

瑞典的"夜莺"——珍妮

在此以前,即1840年的一天,安徒生在哥本哈根一家旅馆看到珍妮·林德的名字时,就相信,这位当时还完全不为人知的女子,是斯德哥尔摩的第一歌手,曾前去拜访过她。当时,珍妮虽然接待了他,但并不热情,安徒生甚至认为她的态度"比较冷淡"。这次,是他的朋友奥古斯特·布农维尔(1805—1879)跟他谈起珍妮要来哥本哈根的消息的。布农维尔是丹麦皇家芭蕾舞团的编导,同时也是一名演员,他的夫人是瑞典人,也是珍妮的好朋友。布农维尔还告诉安徒生,珍妮曾经跟他说起过,她记得安徒生的名字,还读过他的著作。布农维尔希望安徒生与他一起去看这位歌唱家,请他帮助,竭力劝说她加入他的皇家剧院来。这就促成安徒生与珍妮的再次见面。

珍妮·林德在哥本哈根的首次演出是扮演德国歌剧作曲家贾科莫·梅耶贝尔的歌剧《恶魔罗贝尔》中的艾丽丝。《恶魔罗贝尔》描写游吟诗人拉姆鲍特向一群骑士宣称魔鬼罗贝尔是由恶魔与一女人所生。恰好这时罗贝尔本人也在听众中间,于是他狂怒不已,要杀死拉姆鲍特，只因他的胞妹艾丽丝深深地爱着拉姆鲍特，才使其得以幸免。

演出中，珍妮是完全进入到角色的心理世界去了。她女高音忧伤的纯音洋溢在剧场的空间，歌声毫无人工雕琢的痕迹，让人感觉是出于自然的力量。安徒生深深为珍妮饰演的艾丽丝形象和她的歌声所感动，并"在她身上看到那夜莺的形象"。他后来在《自传》中以最亲切、最崇敬的语言回忆说："珍妮·林德在《恶魔罗贝尔》中扮演艾丽丝的第一次演出，就像是在艺术王国里的一次新的展示，青春、清新的声音打动着每个人的心灵。这里，起作用的是纯真和天性，洋溢着思想和智慧。……她在哥本哈根的演出创造了我们歌剧的历史的新时代。"安徒生深深表现出对珍妮的赞赏："没有什么能够削弱珍妮·林德在舞台上表现出来的伟大的印象，除了她自己的人格。……由于珍妮·林德，我第一次感受到艺术的神圣，经由她，我学到了一个人在为上帝的效劳中必须忘记他自己。从未有过一本书，或是一个人，比珍妮·林德让我产生更佳、更崇高的印象。"他把她看成是"一位圣洁的贞女的形象"。

于是，在布农维尔家的一个晚会上，安徒生与珍妮见面了。

关于这次见面，安徒生的传记作者——丹麦的斯蒂格·德拉戈尔写道：虽然"第一眼看上去她并不美丽，一张一般

安徒生画像　1836年

的脸，宽颧骨，又白又亮的脸，凹陷的眼睛，亚麻色的头发蛇一样蜷曲着。但在她说话的时候"，安徒生觉得，"她的不凡就很明显地显现出来了。她两眼发光，在她的声音和动作中，都有着某种磁石般吸引人的东西，轻松、敏捷，是一个舞蹈家具有的特征"。（冯骏译文）当布农维尔把安徒生介绍给她的时候，她温柔地向他伸出手，马上谈起他的著作。

随后，珍妮走向钢琴，为夜晚的聚会者们唱了一支瑞典的民歌。她的歌唱，声音中的圆润、细微的变化和哀歌式的音调，使得客厅里充满了一种情感上的美妙。但安徒生"觉得，她是在为他而唱"，心中产生了一种微妙的想象。

"我堕入情网了！"安徒生随后在日记里这样承认。他的日记多处提到了珍妮·林德的名字。那些天，他们两人有过多次的见面：他给她寄花，寄诗歌，和她一起骑马车游玩，还为她介绍了一家儿童救济协会，安排了一场音乐会义演。珍妮对他显得温柔而坦率，但是对于他表现出的对她的爱，珍妮只是在一次为她饯行的宴会上举杯感谢安徒生的时候，特地含蓄地说："我希望在哥本哈根有一个兄弟，您愿意做我的兄弟吗？"安徒生明白她的态度，但他的感情仍在热烈沸腾。

文学史和作家传记的大量例证表明，完美的爱情带来的只是幸福的婚姻，而不得回报的爱情才激发作家创作出感动人心的作品。

对珍妮的苦涩的爱，深藏在安徒生的心底。既然不能再在所爱的人面前表达，那么只有让自己作家的笔来表达。"美妙的亲爱的夜莺，我是多么想描写你！"这是安徒生的心声。他决心要用最美好的字句来描写珍妮的歌声，她那像林中的夜莺自然地流淌出来的歌声、涌满心头的奔放的情感和当时的情景相呼应，让安徒生萌发出创作的热情，创作出一篇非常独特的童话。《夜莺》是安徒生在1943年的10月

11日至12日两天里完成的。它既是一篇给孩子看的童话，又是一篇引发成人思索的小说。像许多作家常有的那样，它让安徒生在作品中重温和再现了一次不再存在的爱。

《夜莺》中的夜莺是一只生长在海边花园林间的灰色的夜莺，是王国里"一切东西中最美的东西"。只是当时没有立刻为宫廷里的人所知晓，相反，他们把外国的人造夜莺看成是"高等皇家的夜间歌手"。它的本真的优美的歌声，帮助皇帝从死神那里夺回了生命。但它并不企求皇帝允诺的任何报答，它善良的心地甚至阻止了皇帝"把那只人造夜莺撕成一千块碎片"。它唯一的期望就是让它回到它原来生活的大自然中去，为一切需要它的人歌唱，也包括皇帝在内。深深爱着珍妮·林德的安徒生就这样以她作为主人公夜莺的原型，把她描绘成真、善、美的化身，深沉地表达了他对珍妮的情怀。

安徒生的一生，没有得到珍妮·林德的爱，也没有得到别的女性的爱，但是一个半世纪以来，凡是读过《夜莺》的人，都会想起他和珍妮·林德两人之间曾经有过的这么一段独特的、纯洁的感情经历。

3 爱伦·坡的弗吉尼亚·克里姆

爱伦·坡

艾雷奥瑙拉!一听这发音,清脆悦耳,一个那么动听的名字,就让人想到与它的拥有者一样,是一个美丽的少女。美国诗人和小说家埃德加·爱伦·坡(1809—1849)在作品中给他作为原型的表妹——他的妻子和他的缪斯用这样美的名字命名,可见他对她是多么的爱。

爱伦·坡虽然生在波士顿一个普通演员的家庭,却曾经有一个也许还算显赫的家系。

爱伦·坡的祖父娶的是英国海军上将麦克·布莱德的女儿；将军的儿子、未来作家的父亲大卫·坡爱上了英国女演员——以美貌著称的伊丽莎白·阿诺德，最后跟着她走了，并与她结了婚。他的外祖父在独立战争中还做过陆军军需司令。他的这些祖上，结交的也都是英国的高贵家族。不平常的血统使爱伦·坡不论外貌、姿态、动作、神情，都显得优雅而高贵。他的前额很宽很高，稍稍有些隆起，透露出他惊人的才华；他漂亮、聪慧，通常是苍白的脸上，结实的鼻子底下，一张小巧的嘴巴，双唇微微翘起，浮着浅笑，又显示出贵族式的高傲；他那双阴沉而明亮的眼睛，放射出神圣的光，蕴藏着丰富而深刻的感情和思想；他身材矮小，手脚带有一种女性的娇嫩，有时候看起来好像很瘦弱，但他十分健康，而且强壮，使人感到他全身具有不寻常的力量，能够适应或者忍受惊人的淡泊。这一切都使人永远难忘。了解他的人说，爱伦·坡在所有事情上都是一个爱美的人，他具有把一间茅屋变成一座宫殿的天赋和艺术。

但是母亲死后，爱伦·坡就被交给他的继父——商人约翰·爱伦收养。爱伦·坡早年曾去英国接受古典教育，1826年返回美国，入弗吉尼亚大学十一个月，学习了希腊文、拉丁文、法文、西班牙文和意大利文。后曾有一个短时期在西点军校任职，并先后在《南方文学信使》（1835—1837）、《伯顿绅士杂志》（1839—1840）和《格雷厄姆杂志》（1842—1843）当过编辑。1845年《乌鸦》一诗的问世使他一举成名，他的小说又使他被认为是美国哥特式小说和侦探小说的创始人。

由于继父在经济上的吝啬，再加上其他方面的原因，爱伦·坡最后与他感情破裂。于是他离开继父，去与姨母共同生活。善良的姨母玛丽亚·克里姆已经寡居多年，靠教书度日，正与儿子和女儿住在一起，还照顾她丈夫和前妻生的几个孩子。爱伦·坡第一次去姨母家是1829

爱伦·坡的至爱——弗吉尼亚·克里姆

年,那时他的养母刚去世两个月,他从部队退伍回来,就在姨母家住了几天,感受到姨母对他的关切,心中就把她当作母亲看待。他觉得,自己已经失去的母爱只有从姨母身上能够找回。

爱伦·坡在姨母家住的时间可能不长,但这是一个重要时期。前一次在姨母家时,姨母的女儿弗吉尼亚·克里姆还是一个年仅九岁的小姑娘,他对她自然没有产生过什么特别的情感。如今,他的这位表妹脸孔圆圆的,面色白皙,头发黝黑,体态丰满,且语言柔和,性情温顺,已经出落成一位美丽、迷人又富有魅力的少女了。爱伦·坡开始深深地爱上了她。因此,当一次姨母写信告诉他,说他的堂兄弟——当时已经成为著名新闻记者的尼尔森·坡表示要为弗吉尼亚的教育负担一切费用,还说要给她一所住宅时,一下子就使爱伦·坡陷入绝望与狂乱之中,并与尼尔森结下了仇恨。他立即给姨母写了一封长信。因为他怀疑姨母乐于接受尼尔森的馈赠,便在给"曾经爱过我"的姨母的信中,以指责的口气批评她伤了他的感情,并表明这件事对他来说实在是太残忍了。他告诉姨母:"你知道,我深情地挚爱着弗吉尼亚。我无法用言语表达出对我亲爱的小表妹——我钟爱的人炽热的爱。"他几乎绝望地在信中狂叫:"弗吉尼亚!不能去!不能到你认为可能舒适、也许幸福的地方去……"在信的最后,爱伦·坡要求,希望弗吉尼亚能给他写一封亲笔信来,并哀叹说:"我可能死去——我的心要碎了……"(文刚等译文)

无疑,弗吉尼亚对爱伦·坡也怀有感情。他的求爱起了作用,不久,两人秘密结婚,时间是1835年9月22日。正式的结婚仪式则是在第二年5月举行的,谎称新娘已有二十一岁,虽然实际上只不过十四岁。大约就在这年的10月,爱伦·坡与弗吉尼亚以及他姨母三人,一起找了一所公寓住了下来,爱伦·坡白天去上班

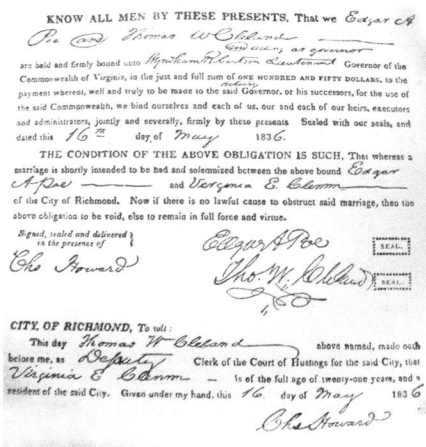

爱伦·坡和弗吉尼亚的结婚证书

做编辑工作,夜晚在家写小说;夏天,他们便临时去乡间待一段时间。姨母成了家庭的主妇,操持全家的生计,帮这对年轻夫妇烧饭,料理杂事;还代表女婿起草或书写信件,联系他作品的发表。被爱伦·坡亲昵地称为"西西"的弗吉尼亚,生性羞怯而腼腆,她非常珍重自己与爱伦·坡的真挚感情,她对任何的事都不表示看法或意见,更不做什么决定,她只是简单地完全听从丈夫和母亲。一家虽然经济拮据,但生活过得还是十分和睦。

只是,仅靠一点微薄的稿费收入,爱伦·坡还是十分贫穷的。但凡是来过他家的人,对他家和他家的人都留有极好的印象。此处周围是

一片田园，风景优美；房前房后花卉盛开，像是一个小小的花园；房舍爬满了葡萄藤和其他藤蔓，一片葱绿，令人流连；室内，家具陈设相当简朴，甚至是简陋，但颇雅致，且分外整洁。一切都很得体，散发出一股幽雅的香气。爱伦·坡喜欢把客人带到家里来，介绍与他的西西见面。一位朋友称赞弗吉尼亚"是忍让、美丽、高雅的化身，俊美的面庞总是带着温顺的笑容，她永远是用热情、愉快的神态欢迎来访的友人"。朋友们也都感受到爱伦·坡天生的高贵仪态，形容他"漂亮，高雅，像神一样彬彬有礼"。还有一只被看成他家庭一员的玳瑁色的大猫，以及在窗前啃着青草的小鹿，都显得那么生气盎然，使主人和客人喜爱不尽。这一对年轻的夫妻就这么无比相爱地生活在这样一个美的环境里。年轻的诗人像一个被宠坏了的淘气孩子，对他的表妹/妻子不但是爱，简直是崇拜。这两人之间的爱情与信任，以及由此而产生的那种富有诗意的故事，一位熟悉他们生活的人说："我不论怀着怎样的信念和热情来谈论它都不为过……我认为她是他一直真正爱着的唯一女性。"

大概美的东西总是稍纵即逝的，不尽快消逝怎能显出这美的珍贵和值得珍惜呢？西西，爱伦·坡的美丽的西西很快就像鲜花似的枯萎下去，爱伦·坡幸福的时日结束了。

1842年1月，弗吉尼亚因患有肺结核，在歌唱时咽喉血管破裂，两个星期里一直处于死亡的边缘。以后，她的病情也起伏不定，5月间虽然好过一些，6月又有一次吐血。自此以后，病情总未好转，她只是一天天消瘦下去，从来没有完全复原，虽然精神尚可，受到丈夫细致的关怀和照看，可衰弱得有时需要背着她从卧室去就餐。弗吉尼亚本人对自己的病实际上也已经感到绝望了。克里姆太太这样描述他们一家人这段时期的心境：

哦，我可怜的弗吉尼亚！她活不了多久了！她正一天天消瘦下去——因为医生们对她的病束手无策。如果他们果真能救活她，那会使她乐死了——因为她太喜欢坡了……坡在床上躺了整整一个星期……

弗吉尼亚最后一次露面是爱伦·坡当众朗诵他最著名的诗篇《乌鸦》之时。弗吉尼亚坐在火炉旁边，看爱伦·坡与几个女人周旋，苍白的脸上露出微笑。她知道丈夫喜欢跟女性交往，什么都逃不过她的眼光。她相信这是他对美的爱，追求的是精神上的美。像平时一样，她没有流露出丝毫的不满情绪。1846年2月14日情人节这天，弗吉尼亚照例给坡送去一首诗，表达她的深深的爱，诗里说："我希望和你永远在一起漫步——／亲爱的，我的生命属于你。／给我租一所农舍吧，移栽一棵果实累累的老葡萄树。／带着罪和爱离开这个世界吧，／免得同很多人空谈度日。／只有爱情带领我们去那儿——／爱情将医治好我衰弱的肺部。／哦，我们将度过宁静的时光，不希望别人来偷看！／我们将悠闲自在，不必左思右想，／向人世间去索借欢欣

Ever with thee I wish to roam —
Dearest my life is thine.
Give me a cottage for my home
And a rich old cypress vine,
Removed from the world with its sin and care
And the tattling of many tongues.
Love alone shall guide us when we are there —
Love shall heal my weakened lungs;
And Oh, the tranquil hours we'll spend,
Never wishing that others may see!
Perfect ease we'll enjoy, without thinking to lend
Ourselves to the world and its glee —
Ever peaceful and blissful we'll be.
    Saturday February 14, 1846.

弗吉尼亚写给爱伦·坡的诗

弗吉尼亚患病晚期就待在这农舍里

——/我们会永远安宁、幸福。"可能,这里有一点点暗示性的哀怨,但是总体上看,对丈夫的爱是深沉的,看得出她对爱伦·坡的爱的渴望。

三四个月以后,她的愿望实现了。爱伦·坡租来一所独楼建筑的农舍。外面绿草如茵,像毛毯一样平滑,花园里有一丛丛大丽花,一畦畦木樨草,风景宜人;室内简陋的摆设仍然是那么精致而独特,鸟笼里饲养着热带珍禽,一片春天的气息。爱伦·坡和友人可以自如地去室外散步,也可以自在地在室内聊天。但是弗吉尼亚未能享受几天。1847年1月29日,她的病情恶化,第二日就去世了,年仅二十四岁。

爱妻的逝世,给爱伦·坡的打击实在太大了。他先是发了高烧,经常谵语,这部分是由"极度的身心痛苦"引起的;随后几个月里,他更是精神瘫痪。友人来访时,他强为应对,他们一走,如他自己说的,"就是长夜来临"。有一天夜里,据说他从床上起来,到处游逛,最后来到弗吉尼亚的墓前。跟随在他后面的姨母默默地陪着他坐了好几个钟点。还据说有一位寡妇使他联想起弗吉尼亚,于是他就每天都去拜望她。不要以为爱伦·坡在妻子死后对性生活有所渴求,传记作者指出:"他一生对此都看得很淡。"爱伦·坡一贯所追求的幸福,就是他在《阿伦海姆的产业》一文中说的,是这样四个基本条件:大自然中的生活,一个女人的爱情,摆脱一切野心,创造一种新的美。他与许多女性的接近,全都是精神上的,甚至他与女人谈到结婚什么的,也只是玩笑话。一次,他又说起要跟某位女子结婚,但他却喝得烂醉,惹恼了那女子的亲人;当朋友们来祝贺他时,他竟毫不在乎地说:"你们可能看见了结婚预告,但请注意,我不会结婚。"法国著名诗人夏尔·波德莱尔评论说:"他就是这样借助恶习来摆脱对亡妻的不忠,她的形象一直活在他心里。"

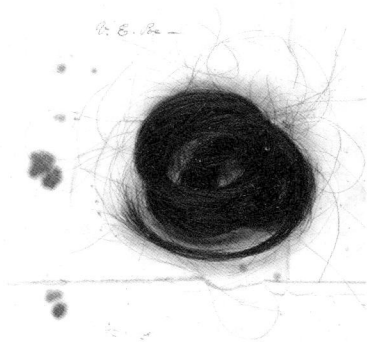

弗吉尼亚的一束青丝

的确,爱伦·坡始终不会忘却他亲爱的表妹,他理想的妻子,他生活中不可缺少的女性弗吉尼亚。他很多作品中的女性,都是形象光彩照人,说话有如音乐,但总是受尽疾病的折磨。不需多说,这就是他的弗吉尼亚。他的诗作《安娜贝尔·李》(1849)写的也是弗吉尼亚,他发表在费拉德尔菲亚文学年刊《馈赠》上的小说《艾雷奥瑙拉》(1842)则是从一个独特的角度写了弗吉尼亚。

《艾雷奥瑙拉》以第一人称叙述男主人翁青少年时代的一段情史。这人也像作家爱伦·坡自己一样,与他的表妹艾雷奥瑙拉以及表妹的母亲生活在"锦绣草茵谷"这么一个像弗吉尼亚去世前那段短时间里生活的乡间小天地。艾雷奥瑙拉也像弗吉尼亚，美得出奇，像一位女神：树干细高、姿态婀娜的树木，树皮斑斑点点闪着银光，但不如艾雷奥瑙拉的脸那么漂亮；比一切都清澈的小河，不如艾雷奥瑙拉的眼睛那么明亮；比什么都悦耳的水声，也不如艾雷奥瑙拉的嗓子那么动听……十五年来，男主人翁和艾雷奥瑙拉两人手挽着手在山谷中四下徘徊，渐渐滋长了爱情。后来有一天，艾雷奥瑙拉噙着眼泪，向她所爱的人透露了她的一件心事：她感到人总有一死，想自己红颜薄命，有如蜉蝣。所恐的是在她死了，将她安葬在"锦绣草茵谷"之后，她所爱的他便会出走在外，永远离开这可爱的山坳，不再对她迷恋，而去爱上外头的某一个女子了。这人听了艾雷奥瑙拉这充满深情的倾诉之后，就立即跪在她的脚前，向她发誓，说自己绝不忘情于她带给他的幸福，若是真有不测，他也绝不再娶，"如果日后背誓，必定遭尽恐怖透顶的惩罚"。艾雷奥瑙拉听了这保证，就安心了，等待着死亡的到来。不久，她真的瞑目死去。若干时日之后，男主人翁不知不觉间来到一座陌生的城市，"如火如荼、可悲可耻的爱慕之情"使他迷恋上了一位体态轻盈、妩媚美貌的少女欧曼迦德，并和她结了婚，"也不怕赌神罚咒的报应，报应的痛苦也没有临到我的头上"。只有一次，一天，在夜深人静之际，他房间里那扇格子窗的外面，突然传来幽幽的吁喟，他听起来非常熟悉："愿君安眠！……爱神乃万物主宰，君热恋伊，欧曼迦德，因而免罪，不复追究君对艾雷奥瑙拉所立誓言，其中原因，日后升天，当见分晓。"

　　文学史家指出："美妇人的死"永远是爱伦·坡作品的主题。

　　爱伦·坡作为一位诗人，诗中古怪、奇特、病态的形象和忧郁的情绪打动过众多的读者和听众。他著名的诗篇《乌鸦》悲叹逝去的爱人，表达了作者的绝望情绪，被认为可能是美国人所写的最好的诗。

爱伦·坡作为小说家，所写的七十篇小说，故事大部分都发生在哥特式怪异的环境中，如倒坍的寺院、野外的墓穴、莱茵河上的古堡、衰落家族黑暗的密室，或者新娘的洞房。随着情节的展开，在朦胧凄惨的气氛中，尸体排成了行，处处是超自然的恐怖、神秘、死亡、残忍、罪行、愿望和宿命……这不仅是由于作家总希望通过怪异来表现流血的魅力，还与他亲爱的弗吉尼亚的长期患病和别他而死所带给他的无限悲痛有关，更表达了一种死亡的至美。批评家把爱伦·坡这些作品中的大部分分为恐怖小说和推理小说两类，并认为它们为美国的推理小说创作开了先河。

但是《艾雷奥瑙拉》却与其他小说不同，它既不是推理小说，也不是一般意义上的爱情小说，又不同于作家别的恐怖小说。《艾雷奥瑙拉》是以一种独特的情节表现死亡、爱情与至美关系的诗性小说。

死亡是一切生物、一切人的不可避免的归宿，是人一生所必然经历的。这使死亡成为以表现人为对象的文学、艺术的一个老小尊卑，人人不可抗拒的比喻性主题。爱情作为生命创造的基础，是物质的，是人类最美好的感情的花朵和最美好的事物的结晶；同时，爱情又通过一系列相关意象的变形，使自己显示出人类精神的神秘性。但社会外在的干扰和人们心里的冲突，加上自然界生物因素的原因，会导致情人的一方甚至双方死亡，使爱情作为人类本性的一个方面，会像大自然每年四季时令的变换一样出现永恒更替，并使爱情与死亡在某种程度上获得必然的联系，以双重的哀伤、悲痛和震惊力量吸引作家、艺术家，从而成为文学、艺术的"永恒主题"。

《艾雷奥瑙拉》中的爱情与死亡，不同于文学史上的很多作品，它为的是寻找导致主人翁死亡的原因。在这篇小说里，作家塑造了一位弗吉尼亚式的至美的女主人翁艾雷奥瑙拉，她不但具有无比的形体

拜厄姆·肖为《艾雷奥瑙拉》作的插图

美,她的心灵更是达到了至美:她摈弃任何个人的考虑,一切以所爱之人的愿望为自己的希求,即使失去所爱之人的爱,也一如既往,深深地爱着自己原来之所爱。在她的透明的心中,唯有所爱之人之所爱,绝无半点自己之所求,因为所爱之人之所爱即是她自己之所求,这才使她愿意发出"愿君安眠!……君热恋伊,欧曼迦德,因而免罪,不复追究君对艾雷奥瑙拉所立誓言"的允诺,虽然不免也带一点忧郁。可以想象,爱伦·坡创作这篇小说时是多么怀念至美的弗吉尼亚和她与他的至美的爱情,以及美的非人为的被毁灭,由此引发读者的哀伤、悲痛和震惊。当爱伦·坡深夜独坐在弗吉尼亚墓前的时候,读者不由会想到,他是希望像在《艾雷奥瑙拉》里那样,能听到逝去的弗吉尼亚的亲切的声音。所不同的是,他并不希望弗吉尼亚宽恕他会有什么背誓。

4
巴尔扎克的"欧也妮"

素有"小俄罗斯"之称的乌克兰是一片一望无际的平原,让人觉得与外面的距离异常遥远,似乎相隔两个世界。一个有文化素养的女子生活在这里,纵使物质上应有尽有,精神上总感到空虚。埃芙丽娜·泽乌斯卡(Ewelina Rzewuska,约1805—1882)嫁到这里之后,就是这样的心情,何况她的丈夫要比她大二十三四岁。

埃芙丽娜出身于波兰望族,祖先一个个名声显赫。她是父母七个孩子中的第四个,兄弟姐妹都有才有貌,如弟弟亨里克是民间文学家,大姐卡洛琳娜是绝顶漂亮的美女,婚后还跟伊凡·维特将军、诗人普希金和亚当·密茨凯维奇关系暧昧。埃芙丽娜虽然略显肥胖,但体态健美,模样迷人;她从小就受家系和宗教伦理熏陶,父亲还以伏尔泰的理性主义教育她。她会法语、英语和德语,又爱好文学,特别是具有一种西欧人的优雅情趣,把教养有素的社交活动看成是自己生活中

瓦斯拉夫·汉斯卡先生

不可或缺的部分。

埃芙丽娜在1819年充溢青春活力的时候嫁给附近一个叫瓦斯拉夫·汉斯卡（1782—1841）的贵族。这是两个有钱家庭的联姻，而不是爱情的结合。虽然夫家的领地达到21000公顷，养有3035名农奴，包括300名家仆；庄园是法国建筑师设计的，里面摆满来自世界各地的奢侈品，如伦敦和米兰画廊的名画、中国的餐具，还有25000册各种语言的图书。

汉斯卡白天的大部分时间都用在管理庄园上，晚餐后，他就觉得太疲劳了，不去陪伴妻子，而要早早休息。他性格又抑郁，总是生活在郁闷之中，以致埃芙丽娜称他为"蓝魔"。正如一位传记作者所指出的："他爱夏娃（艾芙丽娜的爱称），但他没有真的深爱她。"所以埃芙丽娜虽然生活在富裕之中，但她发现她与这新的生活格格不入，尤其是在感情上与她丈夫有太大的距离。

最初的五年里，这对夫妻生了五个子女，其中四个在幼儿期就死了，只有幸存的女儿安娜带给夏娃欢乐。汉斯卡夫人相信那个来自瑞士纳沙泰尔的年轻家庭女教师亨丽埃特·博雷尔会把这个孩子照顾得很好。

汉斯卡的庄园是与外界隔绝的，夏娃讨厌那些来他们家的贵宾，觉得自己和他们没有什么共同之处。她渴望的是跟他弟弟亨里克讨论问题时所享受到的刺激。她的时间大多都用在阅读她丈夫从远方进口的书本上,这些书本的作者中,最让她着迷的是法国小说家巴尔扎克。

奥诺瑞·巴尔扎克(1799—1850)是法国中部图尔城一个中产阶级家庭的儿子,父亲曾在路易十六和拿破仑手下任文官四十多年;母亲出身于巴黎的一个制造商家庭。奥诺瑞·巴尔扎克最初是在法国中央大区鲁瓦—谢尔省旺多姆的奥拉托利学院就读,拿破仑垮台后,他们全家迁到巴黎,他又上了两年学,然后在一家法律事务所当了三年办事员。他醉心于文学创作,起初写悲剧,未获成功,改写小说也没有引起人们的注意。转向经商,但不论是做出版商还是办印刷厂或铸字厂,都遭失败,结果到了1828年,

巴尔扎克雕塑　罗丹作品

负债累累,濒临破产。于是他又决心回到文学创作的道路上来。自此,经过十年默默无闻的笔耕之后,巴尔扎克在1829年第一次署真名出版了一部长篇历史小说,表明作者自以为已经找到自己的创作道路。果然,这部以布列塔尼地区舒昂党叛乱为背景,描写贵族私生女德·韦纳伊小姐和叛军首领德·蒙托朗侯爵命运多舛的作品,为他赢得了一些名声。汉斯卡夫人被这部作品中的故事吸引住了。德·韦纳伊小姐原是被督政府派进叛军中来的,后来却爱上了叛军的首领。而当两人沉浸在爱情的幸福中时,侯爵却震惊地发现,他所爱的这个女人原是要来杀他的,爱情不过是她的一种手段。但她死里逃生,未受到惩罚,又一步步设计报复。当计谋终将实现时,却发现自己原来仍然深爱着对方。可是事情已经无可挽回,结果两人双双死去。

汉斯卡夫人画像

汉斯卡夫人对女主人公为爱情所驱使去保护要将自己置于死地的欲望对象的描绘十分着迷：这位作家怎么如此了解女性的心理？这是她以前从来没有读到过并受到深深感动的。她对这位作家同在1829年出版的另一部讽刺和嘲弄做丈夫的、赞美女人德行的小说《婚姻生理学》也十分欣赏。但是在她1831年读了他刚出版的小说《驴皮记》之后，她又觉得作家缺乏以前获得成功的那种细腻情感了。于是，在与她的两个外甥女和博雷尔小姐交谈过之后，几个人产生了一个共同的想法，便在11月7日署名"一个外国女子"，给这位法国作家写了一封神秘的信。信中说："阅读您的作品时，我的心战栗了。您把女人提到她应有的崇高地位，爱情是她天赋的美德、圣洁的体现。我崇拜您那值得赞叹的敏感心灵……"她称他是"一个对人的心灵深刻了解的超人"。

巴尔扎克是在1832年2月28日收到这封寄自敖德萨的信的。

巴尔扎克从年轻时代起就渴慕荣誉和爱情。虽然在荣誉方面一直不如心愿，但先后总有几个情妇。但近两年来，事情又反过来了：创作甚至获得了世界性的盛名，但德·帕尔尼夫人已经向他表示，该终止他们之间保持十年的关系了；德·阿布朗泰斯公爵夫人又使他感到厌倦；与德·卡斯特利夫人的关系却始终只能停留在炽热的友情上；而向埃莱奥诺·德·特鲁密利小姐的求婚，却遭到拒绝。于是，在他想象这个"外国女子"定然不但青春貌美,且定有一笔巨大的财富和一个年老的丈夫之后,便立即做出回应,在《法兰西新闻》上登了一则启事,说他收到了这封信,可惜未被汉斯卡夫人注意到。于是,巴尔扎克又在1832年12月9日的《每日新闻》上再次刊登启事,说是给巴尔扎克先生的信已经收到,但"不知如何作复"。就这样,两人接上了关系,并经几次信息往返之后,这个"外国女子"终于透露了身份,表示允许直接通信。最后汉斯卡夫人告诉巴尔扎克,她和她丈夫要去欧洲旅游,看看她度过童年时代的维也纳,还会去她女儿家庭教师的家乡纳沙泰尔,说是她和他可以在这里见面。巴尔扎克立即同意,并开始做旅行准备。

1833年9月,巴尔扎克偷偷背着德·帕尔尼夫人,在为出书去法国东部贝桑松物色廉价纸张之后,跨过国界进入瑞士,在"鹰隼酒店"以"德·安塔格侯爵"之名登记入住。他给汉斯卡夫人写信,说他会去他们旅居的"安德烈酒店"的花园看她。随后,9月25日,巴尔扎克就在这离法国边境最近的瑞士避暑胜地、景色优美的纳沙泰尔湖湖畔

巴尔扎克和汉斯卡夫人第一次见面的地点

与汉斯卡夫人第一次见面。可惜一直有汉斯卡先生在旁,使他们两人只相处了几分钟,更不能有什么表示情感的话语。但他的确被她的美惊呆了。而她呢,则立即给他的兄弟亨里克写信,说巴尔扎克"就像你一样开朗和可爱"。

在随后的五天里,汉斯卡夫人和巴尔扎克又见了几次面,她丈夫也对巴尔扎克有好印象,邀请他和他们一起用餐。在去往瑞士西北比尔湖的旅途中,一次汉斯卡去安排用餐时,让他妻子一个人和巴尔扎克单独留在一起。在一棵大榕树的树荫下,这对情人亲吻,互表忠诚的誓言。她跟他说了他们去日内瓦过圣诞节的计划。巴尔扎克说会在年前再去看她。后来她给他所住的旅店发去一封信,说:"坏东西!你在我的眼中没有看到我所有的渴望吗?不必担心,这一切欲望都是一个恋爱中的女人所寻求挑起的。"

巴尔扎克在12月26日圣诞夜到达日内瓦,在"米拉波大厦"近旁汉斯卡夫妇入住的"弓弩客栈"待下。汉斯卡夫人在这家饭店留有一只戒指送他,这戒指放在一个小袋子里,另外还有一绺她的黑发。留条上再次要求爱的承诺。他写给她说他要把戒指戴在左手,这样"我把它按在稿纸上,就感到你紧紧地抱着我"。此后,这两个恋人每天都相互报告自己的生活和思想,并经常秘密约会,有时在瑞士,有时在奥地利。但是在1841年11月汉斯卡先生去世之后,汉斯卡夫人仍旧没有表示与巴尔扎克结婚的意思。直到又过了七年,巴尔扎克的健康已经非常差了,且汉斯卡夫人本人也怀有他的孩子,两人才于1850年3月14日在乌克兰别尔季切夫城的圣·巴巴拉教堂完婚。五个月后,巴尔扎克即在孤独中病逝。

汉斯卡夫人和巴尔扎克的爱情,常受到同时代人和学者的非议,主要是说埃芙丽娜·泽乌斯卡性格多疑,感情波动大,尤其是在丈夫弥留之际，她都没有留在他身边，简直是冷酷无情。但是在巴尔扎克来说，尽管不能否认，他对埃芙丽娜的爱很大程度是出于一种虚荣心，觉得自己能拥有这么一个贵族出身的女子是莫大的荣耀，但他给汉斯卡夫人的460封满怀激情的信，其中不少都是长信，说明他对妻子的爱是无可怀疑的。他甚至把她看成是赋予他创作灵感的"缪斯"，他小说中理想的女性原型。

将现实生活中的真实人物，尤其是熟悉的男女作为原型写进作品，是许多作家常用的创作手法，也是巴尔扎克所常用的方法之一。有研究说，巴尔扎克的几个情妇和熟悉的女友，几乎都曾被他作为原型写进《人间喜剧》的各类小说中，其中汉斯卡夫人可说是他创作时用情最深、最专的一个。

在脍炙人口的小说《欧也妮·葛朗台》（1833）中，巴尔扎克就怀着极其深切的情感，写进了自己对汉斯卡夫人的无尽的爱。

在《欧也妮·葛朗台》（傅雷译文）的开头，有一段"献给马利亚"的题献，说是她的肖像"最能为本书增添光彩"，她的名字有如"赐福的黄杨枝"那样"永葆常青"。那么，这个"马利亚"到底是谁，曾有不少的猜测，传记作者和研究人员的看法大多都集中在巴尔扎克写作此书时认识或有过接触的几个女子：如很有些葛朗台特点的让·尼韦卢的漂亮女儿，那两年里成为巴尔扎克的情妇，还生下过一个女儿的玛丽·德·弗勒内依，以及汉斯卡夫人和她的表妹玛丽·波托斯卡伯爵夫人等等。

不错，要创造一个像欧也妮·葛朗台这样在世界文学中近乎典型的女性形象，作者可能会吸取现实生活中不止一个原型人物形象的多方面外貌和性格上的特点，但是近期的研究相信，欧也妮的最主要的原型是汉斯卡夫人。

巴尔扎克在《欧也妮·葛朗台》中这样描写它的女主人公欧也妮："……高大壮健的欧也妮并没有一般人喜欢的那种漂亮，但她的美是一望而知的，只有艺术家才会倾倒的。"这可以说是作为艺术家的巴尔扎克自己对汉斯卡夫人的直感。确实，据同时代人回忆，汉斯卡夫人身材并不苗条，甚至有点粗壮，双臂也比较丰腴；她额角很高，眼睛又像深度近视，仿佛罩了一层翳。正如一位传记作家说的，"只是一个貌不惊人的女人"。但是，在通过半年多的信之后，出现在朝思暮想中的巴尔扎克面前时，爱的情感使他觉得她竟有一种"勾人魂魄"的美。作家怀着无限的深情把汉斯卡夫人的外貌移植到欧也妮的身上。巴尔扎克并不回避描写欧也妮"身材结实""脖子滚圆"这类壮健的形体特征，更没有将她改装成传统浪漫主义崇尚的女主人公的病态美外形。相反，他把这种外形当作他心目中的美来描绘，说这种结实壮健使他觉得"高雅"，"有点儿灵秀之气"，甚至说她的大脑袋和"带

巴尔扎克用汉斯卡夫人的钱为她购置的别墅

点儿男相"的前额也"很清秀",充满智慧;甚至说她的"额角下面,藏着整个的爱情世界,眼睛的模样、眼皮的动作,有股说不出的神明的气息",使人"感觉到她那股精神的魅力"。

是的,欧也妮与她堂弟的爱和巴尔扎克与汉斯卡夫人的爱不同。这是因为小说的布局和基本情节在作家与汉斯卡夫人进入热恋之前就已经构思好,作家没有再按照自己与汉斯卡夫人之间的爱情进程来重构这部小说。但是他与汉斯卡夫人之间的这一新关系在几年之后的《阿尔贝·萨瓦吕斯》中仍旧获得了表现。作家在给汉斯卡夫人的一封信中曾写到创作这部小说时的情感:"……现在是早晨六点,我打断了自己的工作来想你,我把《阿尔贝·萨瓦吕斯》的场景安置在瑞士,这使我想到了你——瑞士的情人。"在这部小说中,巴尔扎克把自己1833年12月去瑞士日内瓦汉斯卡夫人居住的别墅去拜访她的情节写进了阿尔贝·萨瓦吕斯给阿尔盖奥洛夫人的信中,而且这信与巴尔扎克写给汉斯卡夫人的一些信内容十分相似。

最能体现汉斯卡夫人作为欧也妮的原型的是巴尔扎克在《欧也妮·葛朗台》中安排的一个情节。

一直以来,巴尔扎克的经济状况都非常拮据,而不得不接受德·帕尔尼夫人等人的资助。1833年9月他与汉斯卡夫人第一次见面后,汉斯卡夫人不愿看着他所爱的人不断陷入经济困窘的境地,希望帮助他摆脱困境。但是这次,巴尔扎克拒绝了。他在给汉斯卡夫人的一封信里这样说到此事:

> 亲爱的天使,我一千遍地感谢您的及时雨,感谢您的慷慨;……当读到您的令人愉快的信时,我真希望把我的手伸进海里,捞出海里全部珍珠,把它们编缀在您那乌黑的秀发

上……

巴尔扎克所说的"珍珠"就是指他要用字字珠玑的作品，作为一份感激汉斯卡夫人的礼物，像一件佩戴在她秀发上的饰物献给她。于是他就在《欧也妮·葛朗台》"情人起的誓"一节中写下这样"一个崇高的场景"。

"情人起的誓"一节写道：暗暗爱上堂弟夏尔的欧也妮，出于热情和好奇，在夏尔熟睡之时偷看了他写的信。从信中欧也妮得知，夏尔因为父亲破产自杀，不但没有得到分文财产，还成了孤儿。他决心从深渊中爬起来，上印度或美洲去找发财的机会，可惜苦于没有旅费……欧也妮感到自己有能力帮助自己所爱的人而愉快万分。于是她将自己多年的积蓄，总计价值5800—6000法郎的古老的葡萄牙金洋、西班牙金洋、热那亚币、荷兰杜加、印度卢比和法国拿破仑币，全数送给了他，她这样做"是为了把黄金丢入爱情的大海"。为回报堂姐的馈赠，夏尔交托她一件"和性命一样宝贵"的宝物，他父母亲的两帧饰有珠子、嵌在手工精巧的镶金匣子里的微型肖像。

不难看出，巴尔扎克是怀着对汉斯卡夫人的一片真诚来写这个"崇高的场景"的。在上面引到的给汉斯卡夫人的信中，巴尔扎克解释说："……欧也妮将她的财产送给了她的堂弟，她堂弟做出了回答。在这种事上我要对您说的要比这优雅得多。……请别以为在您所知道的我拒绝接受您天使般馈赠的金子的原因中有丝毫的骄傲和虚伪之情。"这是真的，不管在任何情况下，不管汉斯卡夫人如何对待他，有人甚至说，对于巴尔扎克，"实际上，她几乎是个毫无心肝的人"，巴尔扎克始终都是那么热烈地爱着她。

除了《欧也妮·葛朗台》之外，在《乡村医生》中，巴尔扎克给主人公——感情上受过重伤的贝纳西医生所深爱的那位姑娘取的名字就是汉斯卡夫人的爱称"夏娃";他还把《塞拉菲塔》题献给她,用的也是汉斯卡夫人的真名和闺名;另外,在塑造小说《幽谷百合》中的德·莫尔索夫人和《假情妇》中的克莱芒蒂娜·拉金斯基伯爵夫人时,读者也可以看到,这两位主人公的形象中都有汉斯卡夫人的身影。

少女欧也妮·葛朗台心灵高尚,性情温顺,贞洁贤淑,她是那么倾其一切地爱着夏尔,最后却被夏尔抛弃,后又在三十三岁之时成了寡妇。她的命运是十分感人的,这是世界文学中异常令人喜爱和同情的美丽女性形象。巴尔扎克在1834年8月11日给汉斯卡夫人的信中说道:"我的夏娃,我亲爱的美人,一个人必须爱着,才能写出欧也妮·葛朗台那样的爱,那是一种纯洁的、无限的、骄傲的爱!"确是如此,巴尔扎克正是由于对汉斯卡夫人怀有这种"纯洁的、无限的、骄傲的爱",他才能以她的缪斯汉斯卡夫人为原型,写出欧也妮的爱。他完全有理由如他自己所期望的"为此而得到赞赏"。

5 歌德的玛丽安娜和乌尔里克

人的激情是不能以年龄来界定的,爱并非只是年轻人的专利,尤其是对心中充溢着青春活力的作家、艺术家来说,他们往往如伟大诗人威廉·莎士比亚在一首十四行诗中写的,让所爱的人"认为我是个无知的孩子,/不懂得世间种种骗人的勾当。/于是我就妄想她当我还年轻,/虽然明知我盛年已一去不返……"(梁宗岱译诗)

这样的作家、艺术家不在少数,西方许多著名的作家,他们的创作史就像是他们的爱情史,其中德国大诗人约翰·沃尔夫冈·冯·歌德(1749—1832),可能是最突出的一个。歌德一生爱过的女子不在少数,甚至到了晚年,仍不减对女性的爱;而这种女性确也成为他的缪斯,一次次激发他的创作灵感。直到暮年,歌德仍从几位女性那里获得创作的灵感。

玛丽安娜·冯·维勒美尔(Marianne von Willemer,1784—1860),

原名玛丽安娜·荣格,她生于奥地利,从小跟随母亲在林茨的一个芭蕾舞团里做一名小演员。银行家约翰·雅各布·冯·维勒美尔(1760—1838)认识她后,于1800年将她接进他家,让她和他的孩子们一起受教育。1814年9月27日,玛丽安娜和约翰举行婚礼,成为他的第三任妻子。

约翰是歌德的好友,曾在婚礼的前几周和玛丽安娜一起前往威斯巴登拜访歌德。玛丽安娜虽已年届三十,还是像一枝鲜花,美丽、温柔而性感。她像是逗人似的,在见到歌德时,便将受神给他,使歌德与她第一次见面之时,即被她吸引。随后,歌德前去维勒美尔在法兰克福格贝米尔的避暑别墅回访这对未婚夫妇,并在两人婚礼之后不久的10月11日再次拜访。

1815年8月,歌德又去了他们在格贝米尔的府邸,待了一个半月,还在那里度过了他六十六岁的生日。期间,玛丽安娜很兴奋地给大家弹琴、唱歌,歌德也兴趣盎然地

玛丽安娜·冯·维勒美尔

冯·维勒美尔

六十六岁的歌德

歌德的《二裂叶银杏》手稿

朗诵自己的诗作,这表明歌德对这位年轻的夫人已经产生强烈的爱情,但只是克制住了。

9月初,离别时,歌德曾写诗赠送玛丽安娜:"只有本人是个大贼子,/才能编出窃贼的故事。/我砸开我心扉上的铁锁,/让无限的激情飞出心窝。"出乎意外,第二天,他竟然收到玛丽安娜的和诗:"……我要使窃贼躲过法庭的审判,/……但是贼呀你拿什么做酬谢?/快整个儿把你的爱情奉献!……"

歌德与维勒美尔夫妇相约,一周后在海德尔堡相见。

9月15日,歌德将这座古城花园中的一片银杏树叶送给玛丽安娜。他认为,这种银杏树叶形状像扇,当中有一缺口,好像是两片叶子连在一起,故称"二裂叶",歌德由此联想到情感之二合一,觉得具有象征意义。9月23日,歌德有机会指给玛丽安娜看海德尔堡园中的这棵银杏树，27日又将一首贴了银杏叶子的诗《二裂叶银杏》寄给玛丽安娜。诗共三段十二行："从东方移到我园中的/这棵树木的叶子，/含有一种神秘的意义，/使识者感到欣喜。//它是一个生命的本体，/在自己内部分裂？/还是两者相互间选择，/被人看成为一体？//我发现了真正的含义，/这样回答很恰当：你岂没有从我的诗里/感到我是一，又成双？"（钱春绮译诗）从诗中不难看出歌德对玛丽安娜的爱。是玛丽安娜赋予他灵感，激励他写出这样的诗。玛丽安娜也接受了歌德的爱，写了一首《东风之歌》回赠歌德，说是东方吹来的风，治好我心灵的伤痛，要趁心中的烈火还未熄灭，"我要把热吻一千次迎接"。老诗人手接玛丽安娜的诗稿，深深感到，是他把一个可爱的有才气的女子变成了真正的诗人，激动异常。但是，歌德意识到，这是他们最后一次见面。于是，两人互相起誓，以后每逢月圆之夜都要互相思念。于是，歌德在当年写了《月圆之夜》一诗，甚至到了去世前四年的1828年，还写出《给上升的满月》一诗："现在你已经无影无踪。//可是你知道，我多么难过，/请露出你的星体的边，/证明我是被人爱着，/即使爱人离我很远。"表达他对玛丽安娜无尽的怀念。后来，他把玛丽安娜的这首诗和另外四首放进自己的诗集《西东合集》里。《不列颠百科全书》称玛丽安娜不只是歌德的"活的缪斯"，"也许还是他所有情人中最使他满意的一个，她在精神上是那样同他合拍，甚至能够参与《西东诗集》中若干诗篇的创作"。

但歌德的爱是永不熄灭的。

歌德因健康关系，常要去温泉疗养。他一生去波希米亚十七次，去马里恩巴德三次。

1821年7月，歌德第一次去马里恩巴德温泉，在莱韦佐夫夫人的住宅租下一处居所。夫人原名阿玛莉·冯·莱韦佐夫，是宫廷典礼官梅克伦伯格的未亡人。她有三个女儿，最大的乌尔里克·冯·莱韦佐夫（Ulrike Von Levetzow，1804—1899）美丽又文静，不但身材苗条、优雅，长一对沉着镇定的蓝眼睛，还具有快乐而纯真的天性。她正是老诗人心中所爱的女子。有趣的是，她这年正好是十八岁这一"有意味的年龄"，又恰好是歌德爱上的第十八个女子。

在马里恩巴德的几天里，歌德让乌尔里克陪他散步，愉快地听她给他读英国小说家瓦尔特·司各特的作品。离开后的几个月，歌德给她写信，向她表达他的感情，说她是他的"女儿"，而他则是她的"可爱的爸爸"。

1823年2月，歌德心包出现炎症，发烧多日，有几次甚至昏迷过去。他非常担心自己会死。后来得到了恢复，于是他去马里恩巴德疗养，调剂身心。

歌德在7月初到达马里恩巴德后，同行的人中除魏玛小公国的执政者卡尔·奥古斯特公爵外，意大利威尼斯公国的亲王卢茨腾伯格公爵三世、路易·拿破仑——也就是未来的皇帝拿破仑三世——等人正好都在。在这里，歌德再次见到了乌尔里克。这次他和乌尔里克是非常熟悉了，他已不再以"老爸"，而是以另一种眼神来看这个美丽的乌尔里克了。发自内心的爱使歌德处处设法迎合乌尔里克，向她献殷勤。在浴场的林荫大道上，一听到她到来的声音，歌德就会站起来，像一个热恋中的年轻人，不顾这些有身份的人在场，忙着前去迎接。虽然再过两个月就是他七十四岁的生日了，但歌德觉得自己身干挺立，充满活力，眼睛明亮，富有光泽，只是黄黑色的头发中有少许银丝。诗人不但深爱着这位少女，并且急于要娶她为妻。

可是乌尔里克却还不到二十岁。他考虑到自己已经是魏玛公国的内阁首相，实际上此前的枢密院参事官的职务也仍然时时摆脱不了。

以这样的身份，亲自去向一个女孩子求婚，合适吗？与他的私人医生秘密商议之后，他就委托卡尔·奥古斯特——这位当年聘他来他公国任职的公爵大人，去跟乌尔里克的母亲为他说情，由她母亲再去与她女儿商谈。

卡尔·奥古斯特公爵肯定是应歌德之请履行了自己的使命，但没有材料披露莱韦佐夫夫人是如何答复的。乌尔里克后来承认，她是愿意嫁给歌德的，只要她的母亲答应。真是个痴情的女子！但是，她的母亲答应了吗？看来，她不愿意，她采取的是拖延的策略。

歌德继续密切注视乌尔里克，期待着她的答复。大约一个星期后，他听说乌尔里克一家已经离开马里恩巴德，去了卡尔斯巴德。于是，在焦躁不安中，他又赶了数十里，跟随到了卡尔斯巴德，整整一天伴随在乌尔里克身边，晚上还与她的家人坐在一起，或者观赏乌尔里克跳舞。到了8月底，仍旧没有得到明确的答复，他感到不会有成功的希望了。该如何让自己的焦虑平静下去呢？

歌德作为一位开创德国浪漫主义的诗人，他富有激情，爱一切美的事物，也爱美丽女子。但他有理性，能用"自我克制"来约束自己的行为，当他意识到自己的某些情感和欲望偏离社会准则时，他能勇于"断念"（Entsagung），如他在自传《诗与真》中说的，设法将它"转化为一幅画、一首诗，并借此来总结自己，纠正我对于外界事物的观念，并使我的内心得到平静"（刘思慕译文）。1765年，歌德爱上了酒店店主的女儿凯特馨·舍恩科普夫，两年后，由于他的怀疑和妒忌，这段爱情被破坏了，于是，他写了牧歌剧《情人的脾气》，在"沉痛忏悔"中恢复了内心的平静。1772年，歌德在一次舞会上认识并爱上了夏绿蒂·布夫，可是夏绿蒂已经与人订婚，她能给予歌德的只有友谊，于是，歌德离开了她，并通过创作《少年维特的烦恼》，使自己的心"复归于愉快自由"。1775年,歌德认识了夏绿蒂·冯·施泰因夫人,并深深地爱上了她,甚至相信他们"前世是夫妻",但是施泰因夫人要求他保持纯洁的友谊,以达到心灵的契合。因此,歌德只好默默地忍受着深沉的痛苦,在创作《托尔夸托·塔索》中让自己的感情得以"升华"。对玛丽安娜·冯·维勒美尔的爱也是这样。

如今,面对莱韦佐夫夫人的态度,他知道,他也只能是"断念"。1790年,歌德曾以文艺复兴末期最伟大的诗人托尔夸托·塔索的生平为题材创作了同名戏剧,其中有一段描写塔索在政治和个人生活中陷入极端的痛苦,这与他当时的景况极为相似。歌德在剧作的结尾为塔索写过这样几句台词:"……一切都消逝了!——留下的只有:/大自然赐给我们的眼泪,还有/痛苦的喊叫,当人们最后被逼得/忍无可忍——而我,还胜似别人——/自然还给我留下韵律和诗句,/让我痛苦时倾诉满腔的烦恼。/别人在痛苦时闷声不响,/神却让我能说出我的烦闷。"(钱春绮译诗)

"别人在痛苦时闷声不响,/神却让我能说出我的烦闷。"是的,这正是作家、艺术家胜过他人的优越权利。歌德以前这么做,现在也可以这么做,而这也是老诗人内心无法抑制的需求。于是,就在1823年9月5日离开卡尔斯巴德,经埃劳山区回魏玛时,在马车上,一股涌发的激情,让歌德一口气写成了他最著名的诗篇《哀歌》(绿原译诗),即通常所称的《马里巴德哀歌》,将自己得不到安慰的情感,在作品中向"神"倾诉。

虽然"甜得要命的最后一吻"已"将绵缠而美妙的情网斩断",可歌德仍然忘不了她那"何等轻盈而窈窕。明亮而柔婉,/像从庄严云层飘出天使的法相,/从薄雾里冉冉升起一个苗条的身段……"忘不了"面对她的目光,有如面对太阳的伟烈,/面对她的呼吸,有如面对阵阵春风"。但是,"一切"都"失去了","那就泪如泉涌吧,让它不断地流"……此刻,他唯一能够自慰的就是:"别人在痛苦时闷声不响,/神却让我能说出我的烦闷。"

随后,他又花了几天时间,用罗马字把诗稿端端正正地抄在坚固的仿羊皮纸上,用一根丝绸绳把它们缚定在一只红色的摩洛哥羊皮书套里,像圣物似的保存好,不让任何人看到它。

尽管如此,歌德的情绪还是无法尽快恢复。身边的人为他从柏林请来他最亲密的朋友、曾为歌德的诗配过曲的作曲家和钢琴家卡尔·策尔特,安排了一场音乐会。策尔特一遍又一遍地为老友朗诵他的这首诗,歌德总是一遍又一遍地谛听。歌德在心情平静下来之后写信对策尔特说:"你那充满感情、柔和的嗓音,使我多次领悟到我心中爱得多么深沉……我对这首诗真是爱不释手……所以你就得不停地念给我听,唱给我听,直至你能背诵为止。"(舒昌善译文)10月27日晚,以其优美的琴声和她在圣彼得堡的沙龙而闻名的波兰女钢琴家玛利娅·席曼诺夫斯卡在歌德家举行的音乐会上,为歌德演奏,极大地抚慰了诗人悲痛的心,也让全体客人陶醉。

爱情——缪斯——灵感!歌德的爱情尽管都充满悲歌,但若不是有这些激发悲歌的缪斯,一次次赋予大诗人灵感,世界文学宝库中就不会有如此感人的诗篇!

6

马雅可夫斯基的丽莉

这是一个犹太人家庭，但完全不同于那些没有文化的穷苦犹太人。尤利·卡冈在离开家庭学习法律、成为一名律师之后，就放弃了正统的犹太教，迁居到莫斯科市中心的一处时髦地段，业务是为音乐家签订合同，还负责奥地利使馆的法律事务。妻子叶连娜·尤利耶芙娜·别尔曼富有音乐才华，经常在家里举行音乐晚会。这个家，生活舒适、幸福又富有教养：宽敞的住宅，好多个仆人，暑假里有条件外出旅游；孩子们物质享受优裕，晚上在音乐声中入睡，全家洋溢着浓重的文化气氛。但父母对1891年生的头一个女儿——爱称叫"丽莉"的丽莉娅·尤里耶芙娜（Лиля Юрьевна，1891—1978）是过于宠爱了，助长了她的娇气和任性，甚至在她还很年轻的时候，她就觉得自己理应具有别人所没有的特权。五年后，第二个女儿艾尔莎（Эльза）诞生。

丽莉和艾尔莎都长得很漂亮，大卫·布尔柳克、费尔南德·莱热、昂利·马蒂斯和马克·夏加尔等都曾为她俩画过像；两人后来都因成为大诗人的缪斯而闻名：艾尔莎与法国的路易·阿拉贡结婚；丽莉做了弗拉基米尔·马雅可夫斯基的情妇，被帕勃罗·聂鲁达称作"俄罗斯先锋派的缪斯"。

马雅可夫斯基原是一个来自偏僻的山区格鲁吉亚的穷孩子。他十五岁参加了俄国社会民主工党，因从事地下活动多次被捕。1909年在狱中开始写诗，出狱后进莫斯科艺术学院学习，并加入俄国的未来派，不久成为该派的主要人物。

青年时代的马雅可夫斯基，才华横溢，体格强壮，仪表英俊潇洒，有无穷无尽的精力。他渴望爱情，渴望有甘愿冒险的少女投入他的怀抱。1914年1月，他和其他的未来

丽莉和艾尔莎两姐妹

马雅可夫斯基 1922年

派诗人去奥德萨朗诵诗篇时,爱上一位他认为是被他的诗感动了的少女玛丽娅·亚列克山大洛夫娜·杰尼索娃。但是很快,他就发现,玛丽娅是一个追求生活享受的女性,穷诗人马雅可夫斯基不可能为她所看中。遭玛丽娅拒绝后,马雅可夫斯基怀着失恋的悲痛,把这段情感经历写进他的长诗《穿裤子的云》。他继续寻求理想中的爱情,寻求一个安适的处所。一次,在一位朋友家里,当时还在学校念书的艾尔莎见到了马雅可夫斯基。艾尔莎虽然很喜欢诗,但对这个写诗的人却一点也不了解,只觉得他还不让她讨厌,心底里甚至有点儿喜欢他,对于马雅可夫斯基常给她打来电话,也没有进一步想过是不是要与他发展关系。后来,两人偶然在街上又一次碰面了。马雅可夫斯基微笑着要求艾尔莎允许他去看她。艾尔莎看他穿一身柠檬色的绣花长礼服,戴一顶大帽子,结一条黑领带,摇晃着一根手杖,样子相当滑稽可笑,而且想父母也不会赞成他们的关系;但不知怎么的,当时竟答应了他。于是,马雅可夫斯基就一次又一次地来她家了。

1915年7月的一天,马雅可夫斯基去艾尔莎的姐姐丽莉和姐夫奥西普·勃里克住的公寓去找她。艾尔莎刚好不在,只有丽莉一个人,全身穿的都是黑色的服装。马雅可夫斯基像是根本没有想到她是在为她不久前病逝的父亲服丧,不假思索地轻易问道:"您瘦多了,出什么事了?"丽莉觉得这个人情感太不细腻,缺乏应有的礼貌,脸上露出不快的神情。但他似乎根本没有意识到,自己此刻来她家会不会引起她的不快,而坚持要给她朗诵一首短诗。于是她尽可能有礼貌地对他说,虽然她从来没有读过他的诗,不过她还是愿意来读一读,如果他随身带有他的诗。马雅可夫斯基高兴了,掏出一首他刚写成的短诗《妈妈和被德国人杀害的夜晚》。丽莉读完诗后,觉得的确写得不错,但她故意不做任何评论。天真的马雅可夫斯基没有注意到她的神态,反而问她:"你不喜欢吗?"丽莉又故意回答说:"没有什么特别的!"

一个星期后,马雅可夫斯基又来到这个公寓。这次艾尔莎正好也在。

艾尔莎向来喜爱诗,甚至把诗看成是人生的一件大事。在马雅可夫斯基第一次给她朗诵了他的诗之后,她就简直是不知餍足地要他念诗给她听。现在,这位诗人来到她的面前,她就怀有一种钦佩之心,竭力劝说和恳求丽莉和奥西普,坚持要他们好好听听马雅可夫斯基朗诵他的诗。由于艾尔莎的恳求,丽莉第一次不带成见地去倾听马雅可夫斯基朗诵他刚创作的《穿裤子的云》。

丽莉　1906年

于是,马雅可夫斯基就从外衣口袋里掏出一个小本子,翻了几页,看了一下,又放回到衣袋里,深深地陷入了沉思……几秒钟之后,突然,他抬起眼睛,环顾一下房间四周,以低沉的像朗读散文的声调,挑衅似的开始朗读这首诗。他从自己经受过的感情经历出发,怀着特有的情绪,用诗的语言叙述了自己与玛丽娅的那段痛苦的爱情:诗人期待玛丽娅的爱情,可是玛丽娅的亲戚都不喜欢这个只有才华和爱情而唯独缺钱的诗人。于是,诗人应约在寒冷的雨夜,从下午4点钟一直等到晚上10点钟,脸颊紧贴着窗玻璃,在痛苦的呻吟和抽搐中,等到的却是玛丽娅绝情的回答:"您知道吗,我要出嫁了。"

一切似乎都在沉默中。后来，是勃里克先发表他的感想，说这是他所听到过的最优秀的诗人写出的最优秀的诗。这使马雅可夫斯基很受鼓舞，觉得勃里克是真的被他的作品感动了。过了几秒钟，他把眼睛转向丽莉和艾尔莎，并从勃里克的手中索回那个本子，往桌子上一放，翻开第一页，带着请求的语气问丽莉说："我可以把它献给你吗？"未经对方同意，便认真地在上面写下了丽莉的名字。

对丽莉来说，马雅可夫斯基的朗诵确实也使她感动。她说，这是"我们长久以来梦寐以求、一直所期待的诗"；她甚至觉得，听过这样的诗之后，读别的诗便都觉得索然无味，甚至再也不愿读其他人的诗了。而现在，对于马雅可夫斯基这突如其来的奉承，丽莉很感满足，但又觉得有点意外，因为他和马雅可夫斯基两人之间以前一直相处得并不好，而且丽莉知道，向女性献媚，一定含有"性"的成分；马雅可夫斯基原来向艾尔莎求过婚，今天理应把诗献给她才合乎情理，现在却要献给她自己，这是她原来完全没有想到的。所以，丽莉觉得不能接受。她婉转地问："你怎么可以把一首原来写另一个人的诗献给一位女性呢？"

"不！"马雅可夫斯基坦率地承认，他在写这首诗的时候，的确爱着好几个女人，但他是把"玛丽娅"作为女性的集体意象来写的。不错，诗人最后向丽莉认真地声称："我对许多女子都感兴趣，但我从来没有答应过把诗送给哪一个。我的内心非常清楚，我写这首诗就是为了献给你的！"

马雅可夫斯基这段发自心底的表白，使丽莉非常感动。这支丘比特的箭，有力地射中了她的心，使她一下子忘掉了以前对他的不好印象，而完完全全屈服于他的感情了。就在此种情感的基础上，丽莉和马雅可夫斯基的关系不同以往了，他们的爱情也开始萌发了。

一个温暖的晚上,几个朋友相约在公寓聚会,大家喝酒、谈天。但是坐下不久,丽莉和马雅可夫斯基就躲开众人,坐到窗槛的帷幔后面亲热交谈了。丽莉向诗人表示,她觉得他非常"英俊潇洒"。马雅可夫斯基富有柔情地握住她的两只手,对她低声耳语,表达他的爱,直到她同意第二天单独到他所住旅馆的小房间里去与他见面。

从这次获得应允之后,马雅可夫斯基与丽莉开始经常见面,通常是,每天下午,丽莉去他的旅馆与他幽会;晚上,马雅可夫斯基来勃里克夫妇的公寓。奇怪的是,奥西普对他们两人的关系,感情上竟然丝毫没有表露出妒忌的痕迹,相反,他对丽莉怀有一种宽慰之情,完全不因他与丽莉不再有肉体上的亲昵而不快或烦恼。作为车尔尼雪夫斯基小说《怎么办?》的信徒,勃里克甚至欣

奇特的三角关系

然表示,说他和马雅可夫斯基两人,同样完全可以成为"生活上的朋友"。勃里克确实说到做到,他仍然像过去那样赞赏马雅可夫斯基的诗作,并帮助他联系出版他的《穿裤子的云》。

爱情与事业在同时成长。《穿裤子的云》于1915年9月出版,共印了1050册。书印刷得朴素而大方,鲜艳的橘红色的封面,格外令人喜爱。这是诗人怀着真诚的爱献给他的丽莉的作品,因此在确定题献上,他颇费了一番思考。丽莉的名字可以有好几种爱称,如丽莉奇

卡、丽莉奇扎等等，马雅可夫斯基最初是从几个不用的爱称中选出几个字母，以爱所赋予的灵性创造了一个新的爱称，叫"莉奇珂"（Личико），这词作为"脸颊"（Лицо）的昵称，有"小脸蛋"的意思。但丽莉不喜欢这个新词。马雅可夫斯基又想改用通常正式献词的方式："献给丽莉娅·尤里耶芙娜·勃里克"。可是仔细想过之后，他只是简要地题为"献给你，丽莉娅"。不过，最让丽莉感到高兴的是，在这些新印出来的《穿裤子的云》中，有专门为她特制的一本：装帧特别讲究，昂贵的蓝色的皮封面，以雅致的白色云纹绸做衬料，封面上是烫金的文字。丽莉看到后十分喜爱。

虽然丽莉的爱给马雅可夫斯基的创作带来灵感，但是这对恋人在个性上有很大的差异。马雅可夫斯基天生具有诗人的气质和诗人的激情，同时他又正处在青春期，而且是一次次失恋之后的青春期，他对爱情有着更加强烈的渴求。认识丽莉之后，他就毫无保留地深爱着丽莉，爱情使他沉浸在极大的欢愉之中。但他从来未曾想过，如作为女性的丽莉所期望的，要对他们的爱情保守秘密。强烈的占有欲使马雅可夫斯基时时为获得这爱情而骄傲，这种心理不但不时会表露出来，有时他还故意要让朋友们知晓他这爱。同时，他对爱情也有更高的期待和要求，他的受过创伤的心再也不能因重新失去爱情而流血了。而从这段时间的丽莉来看，虽然应该说，她确实也是爱马雅可夫斯基的，但是从小就有的那种优越感，使她认定自己不能除丈夫之外为另一个人所占有——非正式婚姻的占有。出于这种心理，丽莉不愿公开张扬他与马雅可夫斯基的爱情，也不喜欢马雅可夫斯基发疯似的表达感情的方式。出于类似的原因，丽莉虽然已经与奥西普不再存在肉体上的亲密，却仍然愿意跟他维持家庭关系，她只希望暗地里与马雅可夫斯基相爱。因此，很长时间里她表面上都仍旧与马雅可夫斯基保持距离。她不用马雅可夫斯基的名字——弗拉基米尔的爱称叫他"沃洛嘉",也不像他称她那样地叫他"你",而总是以一般人常用的礼节性称呼,叫他"弗拉基米尔·弗拉基米洛维奇",称他"您"。丽莉的这种态度,使马雅可夫斯基从一开始与她接触起,心里就产生不踏实的感觉,觉得她对他的爱不真诚。后来,丽莉虽然改变了对他的称呼,感情上也有了提升,马雅可夫斯基仍始终觉得她并不只属于他一个人。特别是,丽莉的任性而又固执的脾气,有时,她在马雅可夫斯基面前表现得妩媚而迷人,有时不知怎的,一下子又变得十分冷漠,简直令他感到气愤。马雅可夫斯基为她的这种难以捉摸的态度而苦恼万分,觉得自己简直像是舞台上的一个失却爱情、处在绝望之中的可怜的情人。

为获取丽莉的欢心,马雅可夫斯基决意改变自己原来那种放浪形骸的生活方式。这使丽莉十分高兴,她也非常乐意帮助他做到这一点。此前,这个终身未娶的男人,独身生活,没有一个正常的家。现在,有了丽莉的爱,他十分乐意听从丽莉的安排,剪去他的长头发,又去洗了个澡,并由丽莉陪着去找牙医师,为他残缺的牙齿重新镶上新的。丽莉还强迫马雅可夫斯基脱去作为他未来主义标志的黄色短外衣和绣花的长礼服,帮他买来做工精巧的新服装。这样的装束,马雅可夫斯基自己也很满意,为了合配,他甚至自己去要来一支手杖。马雅可夫斯基这种他自称为"一半被驯化了"的新模样在他1915年9月与丽莉一起合拍的那张照片上可以明显地看出来。照片上的马雅可夫斯基,完全像是另外一个人:代替未来主义浮夸服装的是整齐的衬衫和领带,外面是时髦的花呢大衣,还戴了一顶帽子,显得年轻、快活而富有精神。他右手搭在温柔微笑的丽莉的肩上,两人亲密地偎依在一起。这是他们两人拍下的第一张照片,马雅可夫斯基一直保存着这

马雅可夫斯基和丽莉第一次拍的照片

张照片,把它看成是自己的护身符。在这段日子里,马雅可夫斯基还为自己每天下午都要与丽莉一起度过的房间做了一番精心的修缮,在里面装点了鲜花,并且预备了丽莉所喜爱的蛋糕,竭力使房内具有一种仪礼化的性质。

  情人间的感情增强后,他们两人交换了象征爱情的信物——戒指。丽莉送给马雅可夫斯基一只大印戒,上面刻有他名字的首字母;马雅可夫斯基给丽莉的是一只环状金戒。爱情赋予诗人以灵感,虽然金戒上设计的也是丽莉名字的首字母,但这三个字母联结起来特别有意义。根据俄语语法,纵使省去主语,光从一个变化过的动词上,仍然可以看出动作或行为主体的人称和数。现在,马雅可夫斯基给丽莉的环状金戒上循环刻着丽莉娅·尤里耶芙娜·勃里克(Лиля Юрьевна Блик)的首字母ЛЮБЛЮ—ЛЮБЛЮ—ЛЮБЛЮ—ЛЮБЛЮ;这ЛЮБЛЮ即是俄语动词"любить"(爱)的第一人称单数的大写。于是,这丽莉全名的循环首字母就既有"我爱""我爱""我爱""我爱"的意思,也包含了"我爱莉·尤·勃""我爱莉·尤·勃"的意思,表达了赠送这信物主体的强烈的爱,而且因连续的关系而暗含了他对接受者"不断的爱""反复的爱"和"持续的爱"的意思。这只戒指上镌刻着的就是ЛЮБЛЮЛЮБЛЮЛЮБЛЮ的字样,戒指的内环则刻着赠送者——他自己的爱称"沃洛嘉"。

像往年一样,圣彼得堡1915年初秋的9月,白天很长,不热也不冷。马雅可夫斯基开始创作他献给丽莉的诗《脊柱横笛》。这是一首表现爱情的疯狂和痛苦的男性抒情长诗,诗中的人背负着无法压制而又不能升华的爱的欲望,用的是谵妄状态下的语言,体现了马雅可夫斯基在这爱情的阴影下痛苦的精神状态。然后诗人宣称,他对丽莉的爱是真挚而强烈的。歌德德国人的"甘泪卿"、小仲马法国人的"茶花女",这些"几百年来受人咀嚼的玫瑰色的柔情蜜意",他已经"顾不得",而只愿一心一意地"在新的人儿脚前拜倒在地"。他欢呼:丽莉——"被染饰成／火红色的人儿,我歌唱你。"纵使几个世纪把胡须染成白色,只剩下"你和我",他也是一个"从一个城市到又一个城市追逐你的我"……随后是一连串的排比句,以多达四五百字异常新奇的情景和比喻,歌颂他对她的爱。

马雅可夫斯基写爱情诗,主要是为了奉承丽莉,并满足她对诗的愿望。丽莉一般也是喜欢他的诗的,平时都喜欢听他朗诵自己的作品,对他的诗也能经常做出肯定的评价。但是对这首"献给她"的《脊柱横笛》中的歇斯底里情绪,她表现出了不屑一顾的态度。

但马雅可夫斯基并不在意。他继续在诗作中,也在生活中对丽莉表达他深沉的爱。在信中,他会一连串用"魅力无穷的""令人销魂的"等等21个形容词来赞美丽莉,还会连续写上16个"吻你",或者是"吻你1000万次",整整画上许多个零,或者说"吻你

100000005678910""一分钟吻你320万次"等等。

问题是,像马雅可夫斯基这种炽热的、近乎疯狂的感情表达并不讨每个女人的欢心,丽莉就不喜欢。这有时反而把事情弄得更加复杂了。

虽然马雅可夫斯基在创作《脊柱横笛》时表达了自己的绝望情绪,但他也写了许多颂扬丽莉的话,给她戴上了美丽的"桂冠"。但是丽莉不但不喜欢,反而感到生气甚至感到愤怒,因为她觉得自己已经被他的爱搞得精疲力竭了。紧接着1916年5月写了以丽莉的爱称为题的《丽莉奇卡》之后,马雅可夫斯基又创作了新的爱情长诗《唐璜》。为表达对丽莉的爱,一天,在两人一起沿着大街散步的时候,他突然出乎意料地向丽莉大声朗读起这首诗来。又是爱,又是爱!丽莉觉得简直腻透了,非常生气。于是,马雅可夫斯基也像发疯似的从衣袋里取出这诗的原稿,把它撕得粉碎,让一片片纸屑在茹科夫大街上随风飘忽。后来,1921年12月,由于马雅可夫斯基在一次演讲中公开谈到一些他与丽莉之间的私生活,更引起丽莉极大的不快,两人发生争执。12月27日晚,先是丽莉主动提出,也得到马雅可夫斯基的同意,从第二天,即12月28日起,两人分居两个月。他们商定,

马雅可夫斯基写给丽莉的信

在这两个月中,各人都冷静思考两人间的关系,彼此不直接交换或转交信件和日记。

在这持续的两个月中,马雅可夫斯基的确一次都没有去看过丽莉。不过他有好多次躲进楼梯间,从丽莉套间的窗户爬进去,给丽莉写信和留条子,又给她送鲜花、书稿

丽莉　1921年或1922年

和笼鸟等礼物,为的是暗示她,想想如今的他就犹如笼中的鸟儿。与此同时,马雅可夫斯基在1922年2月的上半个月完成了他献给丽莉的长诗,由丽莉全名的首字母组成的ЛЮБЛЮ(《我爱》)。他在诗的手稿上写了这么一句话:"给亲爱的小猫,不算解释和书信。"一改此前的消沉情绪,全诗洋溢着爱情和生活的欢乐。这可能是马雅可夫斯基的长诗中最明快乐观的一首。另外,他还在另一首爱情长诗《关于这个》中写明是"献给她和我",并于1923年2月11日最后完成。

1923年2月28日下午3时,马雅可夫斯基视为"囚禁的判决"的两个月到期。凌晨3时零1分,他先写出两行字:"黑暗的日子已经过去,赎罪的期限已经结束。"按照原先的约定,他于早上8时在车站与丽莉会面,一起去彼得格勒。进车厢后,他便给丽莉朗诵《关于这个》,两眼迸出了热泪。

1924年是马雅可夫斯基和丽莉关系上的转折点。有研究者怀疑,在丽莉和马雅可夫斯基产生感情危机的这段时间,有一位第三者插

人。据说马雅可夫斯基对此事也有所知晓,曾在给丽莉的信中感叹说:"现在你是另一个人的,而不是我的了……"但他仍然表示:"不论怎样,没有什么可改变我对你的爱。"不过,尽管是这么说,实际上,两人之间的感情已经受到了影响。

艾尔莎曾经说:"这一时期,马雅可夫斯基很需要爱。"诗人的好友罗曼·雅可布松也曾回忆,马雅可夫斯基当时曾亲口坦率地跟他说过,他不能没有爱,"只有伟大的、美好的爱才能救我"。事实也是如此。这位生活中不能缺少爱的诗人,在感情的荒漠中时刻寻求着别的女人的爱,常被提到的包括马雅可夫斯基在1924年秋至1925年11月出访法国、墨西哥和美国时与俄国血统的美国侨民——乔治·琼斯的妻子叶莉萨维塔·彼得罗夫娜·琼斯(Elisaveta Petrovna Jones)的关系,甚至生下一个女儿叶琳娜·弗拉基米罗夫娜·马雅可夫斯卡娅,还有1926年与国家出版社的娜塔莉亚·布留赫年科以及与塔吉娅娜·雅科夫列娃之间的风流韵事。只是这些感情都不久长,如,马雅可夫斯基曾祈求雅科夫列娃嫁给他,然后带她回莫斯科。但对方做出的答复"含糊而搪塞",尽管爱情仍在继续。回国后,他曾想再去一次巴黎找她,苦于出境签证未能批准,事情也就到此为止了。

塔吉娅娜·雅科夫列娃

马雅可夫斯基最后的爱是1929年认识的莫斯科艺术剧院的年轻演员维罗妮卡·波伦斯卡娅，他希望从她那里获得爱的拯救。接触不久，马雅可夫斯基便向维罗妮卡求婚。维罗妮卡也为这位诗人的才华和魅力所动。她回答说，她愿意做他的妻子，但是目前不行，因为像她这样一个初出茅庐的演员，能进著名的莫斯科艺术剧院可是一件大事，她不能离开剧院，而且暂时还不能离开她的丈夫，加上剧院事务繁多，她只能偶尔抽空与他见面。这导致两人经常争吵，这么一来，维罗妮卡后来就故意避免与马雅可夫斯基见面，以致他们的关系陷入僵局。

失去了最后的爱，马雅可夫斯基可怎么办？

在众多女性中，马雅可夫斯基真正最爱的是丽莉娅·勃里克。他对她的爱是无限深沉的，虽然他知道她对他的"爱"完全不同于他对她的爱，但他仍然需要她的爱，有如一个婴儿。在分离期间写的书信体日记中，有1923年2月5日写的标题叫《我爱你吗？》的一则。在这则里，马雅可夫斯基这样表达了他对丽莉的爱："我爱你，我爱你，不管有什么事和因为什么事，我以前爱你，现在爱你，将来也爱你，无论你对我粗野还是温存，你会属于我还是别人，我都同样爱你。阿门。"但是，在这同一天《你

马雅可夫斯基画的丽莉像

爱我吗?》的标题下,他则明确地写道:"你是不是像我那样始终不渝地爱我呢?不,你对我没有爱……"虽然如此,他仍然爱丽莉,在丽莉不再爱他、不再属于他之后,仍然深深地爱着她。维罗妮卡·波伦斯卡娅曾因马雅可夫斯基对丽莉的爱而深感苦恼和伤心,直至她明白:"从某种意义上说,丽莉娅永远是他的第一情人,虽然他对她的爱已经成为明日黄花。"甚至在与塔吉娅娜·雅科夫列娃认真相爱之后,马雅可夫斯基还是忘不了丽莉,总是时刻要说到丽莉,即使与塔吉娅娜在一起的时候,马雅可夫斯基也毫不顾忌地要给丽莉买礼物。

1930年2月18日,勃里克夫妇离开莫斯科,先是去伦敦,然后去柏林看望丽莉的母亲。24日,马雅可夫斯基给他们两人写信,而不再像以往那样只给丽莉一个人写,在信中,他诉说自己因他们"一下子都走了,感到非常孤独"。接着,他最后的爱——维罗妮卡·波伦斯卡娅也不愿与他在一起了。波伦斯卡娅后来回忆说,马雅可夫斯基"对我来说好像老了一点儿。他已经三十六岁,而我只有二十二岁"。她已经和剧院的一个叫利尼诺夫的英俊男演员好上了。马雅可夫斯基很嫉妒这个男演员,曾怂恿她离开这人,和自己结婚。但维罗妮卡拒绝了他。

从当时的社会背景看,在马雅可夫斯基一生的最后几年,经常遭到人们,尤其像"拉普"("无产阶级作家协会")等处于领导地位的官僚主义者的贬斥和攻击,他们贬斥他不过是一个玩弄女性的能手,根本写不出好诗,"他的个人主义令人受不了"。

安妮和塞缪尔·查特斯(Ann & Samuel Charters)在他们撰写的马雅可夫斯基和丽莉的爱情传记《我爱》(I Love,这实际上是马雅可夫斯基的ЛЮБЛЮ的英译)中指出诗人最后一段时间里心灵所遭受的困惑:"无产阶级作家协会对他的态度,政治上的失望,与塔吉娅娜关系的丧失，诺拉（维罗妮卡的爱称）对他求婚的拒绝，丽莉的离开，还有嗓音造成的苦恼"，这些摧残诗人心灵的因素，特别是政治和爱情的双面打击，使马雅可夫斯基觉得，他的生活已经"实在说——没有办法了"。在这种情况下，对他来说，能走的就只有一条路——自杀。

在马雅可夫斯基的遗物中，发现有他诗作《放开喉咙歌唱》的未曾发表过的片段，其中有这么几行："那是在一天之后。／你一定已经上床。／银河横贯夜空。／我不愿意／拍发急电／将你惊醒，让你着急。／正如人们所说／事情已经了结，／爱的小舟／已在生活的暗礁上撞碎。／何况如今／我跟你都不再需要，／何必再提彼此的痛苦、不幸和不快……"研究者相信，这是写给丽莉的，其中有些话后来又出现在他的遗嘱《致所有的人》中，暗示了自杀和自杀前的心境：深挚的爱和无尽的痛苦交织在一起。

丽莉娅·勃里克曾经说过：自杀是马雅可夫斯基的"慢性疾病"。自杀确实是马雅可夫斯基一贯的念头。丽莉回忆说："我经常听到马雅可夫斯基说到'自杀'这个词。一点点小事都会极大地影响他的情绪。他最喜欢表述的话就是'脑袋进一颗子弹'。他曾对我说过，他只希望活到三十岁，不要再多。"马雅可夫斯基不但"不断地谈到自杀"，事实上1916年和1917年还两次企图自杀；另外，自杀和自杀者还是他创作的主题之一。所以丽莉和艾尔莎都老是为他可能自杀而担惊受怕。

1930年4月14日晨，马雅可夫斯基坐出租车去找维罗妮卡·波伦斯卡娅，要她立刻去他家细谈。维罗妮卡顺从地跟他去了，但告诉他说，十点半钟要参加排演，导演聂米洛维奇-丹钦科将出席，她一分钟也不能迟到。也许这是马雅可夫斯基最后一次希望挽回他的爱情。但是他的脆弱的神经已经再也经受不了哪怕一点点的刺激。现在一听维罗妮卡说她又要匆匆回去，感情立刻就又爆发了。进了房间后，他马上锁上房门，说他不会放她回去，要她马上离开剧院，离开丈夫。维罗妮卡解释说，她爱他，愿跟他一起生活，但要她现在就留在这里，她不能。她保证在剧院排演结束之后直接回家，跟丈夫说清一切，晚上搬到这里来，和他一起生活。但她不能就这样不告而别，把屈辱加到自己丈夫的头上。结果两人又争吵了一场。

  突然，马雅可夫斯基仿佛一下子改变了态度，显然是他已经做出了一个完全不同的决定。在维罗妮卡就要离开、礼貌地问他"你不想送送我吗"时，马雅可夫斯基平静而温和地和她吻别，然后深沉地说："不送了，小姑娘，你自己走吧……对我，你可以放心了……"但等维罗妮卡出了房门，还没有走出几步，就听到一声枪响。维罗妮卡立即一声尖叫进去时，见马雅可夫斯基已经倒在地毯上，连叫急救车都无济于事了。这是4月14日上午10时15分。正是这一天，远在荷兰阿姆斯特丹的丽莉和奥西普夫妇给他寄了最后一张问好的明信片，他们大概不会想到，与他们这明信片相呼应的是马雅可夫斯基遗书中最后绝望的呼叫：

  "丽莉娅，爱我吧！"

7

毛姆的苏·琼斯

在20世纪的英国作家中，威廉·萨默塞特·毛姆（1874—1965）虽然大概算不上是最伟大的，但的确确是最令读者喜爱的一位。他的很多小说总是有一个很吸引人的故事，例如他的《寻欢作乐》中的女主人公露西。美貌异常的露西·甘恩年轻时沦落风尘，当过酒吧间的女招待，处境跟妓女差不多。为了摆脱这种生活，她便委身于真挚热情的作家爱德华·德里费尔德，但心中仍然忘不了她以前的情人——煤铺老板乔治·肯普。数年后，德里费尔德名声大振，被推崇为当代最伟大的小说家。但露西并不看重他的文名，她仍寄情于他人，跟外科医师威利·阿申顿等私通，甚至跟破了产的乔治私奔。德里费尔德后来虽然与露西离了婚，而且另有新欢，却始终不能忘情于她，常去她工作过的酒吧抒发他的怀念之情。可是这种怀念也只能更加激起他的愁闷情绪，最后终于抑郁而死。

威廉·萨默塞特·毛姆

《寻欢作乐》在1930年出版后引起极大的反响。伦敦整个文艺界的全部话题谈的都是书中几个主要人物的原型。人们断定,作品中的男主人翁是以作家托马斯·哈代为原型,他的第二位夫人也是以哈代的第二夫人弗洛伦斯·达格代尔为原型。他们还相信,小说的故事情节是作家德斯蒙德·麦卡锡告诉作者的,麦卡锡上中学时住在一幢乡间别墅,曾见过哈代。作家休·沃波尔最先读到此书的清样时,甚至看出书中那个一心梦想成为英国文坛元老的阿尔罗伊·基尔,写的就是他自己,因而胆战心惊,彻夜未眠……为此,毛姆遭到猛烈的攻击,被指责"践踏托马斯·哈代的陵墓","鞭打裹尸布下面的人";说小说描写露西对德里费尔德极不忠,是对哈代第一夫人"令人遗憾的诽谤"等等。

对于这些指责,毛姆否认说:不错,没有一个作家能凭空创造出一个人物,他必须有一个模特作为出发点。但是等到他将这个人物全部写成后,呈现在读者面前的形象就极少与现实中的原型一样了。毛姆声明,他在塑造爱德华·德里费尔德的时候,他的心中既没有哈代,也没有乔治·梅瑞狄斯或安那托尔·法朗士。这自然是"外交措辞"。但是对小说中的女主人公露西·德里费尔德,毛姆不但不否认,相反,在《寻欢作乐》作为"现代丛书"之一种出版时,在书的"前言"上就明确地说到露西的原型与他自己的感情:

> 我年轻时曾经与一位我在本书中叫她露西的年轻女人关系密切。她有些严重的、令人恼恨的过失,但她是美丽的和真诚的。这种关系后来像此类关系所常有的那样结束了,但是对她的记忆仍一年年萦绕我的脑际。我知道,总有一天我会把她写进小说里去。

毛姆是一个双性恋者。他不但与杰拉德·哈克斯顿保持着数十年的同性关系,还有多次的异性情感经历。

毛姆真正的第一个异性恋对象是牛津大学特别研究员阿尔弗莱特·亨特的女儿,生于1862年的维奥莱特·亨特。这位女子是在她父亲的朋友丁尼生、拉斯金、勃朗宁等文人圈子里成长起来的,最后出落成一名爱德华时代的美人。她有红褐色的头发、黝黑明亮的大眼睛、富于表情的嘴巴,十分动人。毛姆喜欢她身上表现出来的当时最独特的风格。也许是维奥莱特太过放荡,与多个男人有染,毛姆和她的交往时间并不长。随后毛姆迷恋上一位年纪很轻的女子,很快也对她不感兴趣了。后来毛姆还和流亡英国的著名俄国无政府主义者克鲁泡特金的女儿萨沙有过一段暧昧的感情。但是所有这一切都只是逢场作戏。

毛姆心爱的女人——苏·琼斯

毛姆最爱的女人就是露西的原型人物苏·琼斯,她是毛姆的缪斯。毛姆在这"前言"里毫不隐瞒地承认,她与他本人有过那么一种关系,使他久久不能忘怀。只不过毛姆一直没有公开此人的姓名。是作家的终生朋友、画家杰拉尔德·凯利爵士——很可能就是《寻欢作乐》中为露西画像的莱昂内尔·希利尔的原型人物——给透露出去的。他曾为毛姆的这个女人画过速写和肖像。凯利曾给一位作家朋友写信说,他知道他们两人有过一段热恋,他猜想毛姆自己后来大概也了解到这个女人的私生活太乱了,至于究竟是他抛弃了她,还是她抛弃了他,他既不知道也不关心。不过凯利证明说:"她是我所认识的女人中最讨人喜欢的一个。我认为她是一个绝色美人,不过她有一个缺点。"

埃塞琳·西尔维亚("苏")·琼斯(1883—1948)是琼斯家四个女儿中的第二个,是一名演员。父亲亨利·亚瑟·琼斯是维多利亚时代的一位著名的"社会剧"作家,他因《白银国王》一剧于1882年在伦敦首演一举成名起,一连几个剧作,使他步入上层社会,他的剧本都显示出高超的技巧。

苏·琼斯生于新汉普顿的洛西安洛奇,十四岁开始演剧生涯,在父亲的作品中扮演角色,还演过莎士比亚的戏剧。1902年,她嫁给了演员蒙塔古·维维安·莱维奥克斯,但婚姻很是不幸,很快就以离婚而告终。1913年,她又与美国南方铁路公司的工程师——安特里姆侯爵六世的第二个儿子·安格斯·麦克唐奈尔结婚,第二年退离舞台,去尽一个妻子的责任了。

毛姆是1906年4月的一个下午,在以"慷慨的女主人"而闻名的乔治·斯蒂文斯夫人家举办的一次聚会上见到跟着她父亲来参会的苏·琼斯的。苏·琼斯那天穿一件衬衫,戴平顶硬草帽。她有浅金色的头发、蔚蓝的眼睛、可爱的形体和毛姆所曾见到过的人类中最美的微笑。就在这次聚会中,毛姆第一次见到他的这位缪斯。他后来在回忆录《一个作家的笔记》中描述她是"一个雍容而妩媚的、玫瑰色脸、金色头发的女人,眼睛像夏天蔚蓝的大海,线条匀称,胸部丰满。她多少有点像鲁本斯画中的永远令人销魂的海伦娜·福尔蒙这一类型的女人"。

毛姆完全被她迷住了。在《寻欢作乐》中，毛姆多次描写到露西·德里费尔德，也就是苏·琼斯那"天生为爱欲而生的躯体"，来回味她肉体的美。小说描写她个子高大，皮肤像象牙一样白皙，浅浅的金黄色的头发，梳着流行的发型，前面堆得很高，留一排精心梳理的刘海。她的很淡很淡的褐色的脸上，鼻子稍大了一点，眼睛却稍小了一点，嘴又很大。她的眼眸有着野菊花的那种蓝色，在她微笑的时候，那蓝色的眸子会和她那丰满的、红润肉感的双唇一起，绽出最欢快甜美的笑意。小说还说到她生就带一种低沉阴郁的表情，这种阴郁在她微笑的时候会突然变得特别富有吸引力。她有时穿浅蓝色的衣服，有时穿一身浅灰色的裙衣，衣袖宽大，裙子很长，底部是打褶的荷叶边，看上去非常潇洒。作家还说她欢喜戴一顶很大的黑色草帽，上面点缀着一大堆玫瑰花和叶子以及蝴蝶结，或者戴一顶插有羽毛的小帽等等。毛姆这样竭力描绘露西的美，并相信她的美是在于色彩，说她身上的这种"金黄色彩的确给人以新奇的月光般的感受"；同时她还有"一股夏日傍晚当光线从无云的晴空中逐渐隐退时的那种恬静"，"像八月阳光下肯特海岸外平静、闪耀的海水一般充满活力"。真是写尽了他这位缪斯的形体之美。

从这第一次相识以后，毛姆就经常与苏·琼斯约会见面。于是，终于有一天，他把她带进了位于圣·詹姆士宫与特拉法加广场之间的帕尔梅尔街56号A——他的一位朋友住的那幢房子，找到一个单人房间，使她成了他的情妇。《寻欢作乐》第16章，作家的代理人威利·阿申顿带露西上床一节，如实地再现了这一情景。那晚，阿申顿陪露西去剧院看过戏后，他穿过圣·詹姆士公园送她回家，他感到露西"像一朵夜间开放的银色花朵"，在月光下散发出清香。阿申顿吻她时，感觉得到她柔软的红唇平静而强烈地默默接受他压上去的嘴唇，"就像一池清水接受着月亮的光辉一般"。在经过阿申顿的住所时,阿申顿邀请露西进了他的住房和卧室。露西温柔地抚摸他的脸颊,使他十分感动,泪水竟控制不住地如泉涌般流了下来。于是露西也哭了。她用双臂搂住他的头颈,"一边哭一边吻着我的嘴唇,我的眼睛,我的被泪水打湿的双颊。后来她解开了胸衣,把我的头放在她的胸口。她抚摸着我光滑的面庞,她来回摇动着我,好像我是她怀中的一个幼儿。我吻着她的胸脯,吻着她洁白笔直的头颈……"

可以想象得到,毛姆与苏·琼斯这初夜之欢便是如小说中写的那样。

完事后,毛姆用单马双轮双座马车送苏·琼斯回家。苏·琼斯问毛姆,他认为他们这种风流交往会持续多久。他轻率地回答了一句:"六个星期。"实际上,据毛姆后来说,他们这关系整整维持了八年。

毛姆是太爱苏·琼斯了。他明知她还跟多个别的男人同居,性关系混乱,也仍不以为意,对她的感情始终不减,几年里一直直接或者通过朋友的关系帮她在舞台上谋得角色。

1913年,年近四十的毛姆考虑应该把结婚提上议事日程,自己的单身生活也必须结束。既然他是一个具有爱德华时代风度的绅士,结婚便是例行公事,特别是他必须要以婚姻来作为他正规生活的装点,同时也能掩盖他是个同性恋者的实质。这时,她想到的仍然是苏·琼斯,他觉得她的确是一个热心而又理解他的生理需要的人。只是这位苏小姐正要到美国去。不过此时,毛姆恰好正在完成一个将于11月在美国上演的剧本,反正到时候要去那里观看彩排的。于是他买好一枚名贵的钻石戒指——是一小圈钻石当中镶了两颗大珍珠的戒指,准备去纽约后向苏·琼斯求婚。可是当先她而去的毛姆来到码头迎接苏的航船时,发现苏在甲板上跟一位穿着讲究的青年男子相谈正欢。毛姆见到她后，她对他说，她要径直去芝加哥，甚至不能在纽约与他待一天。三四个星期后，毛姆到了芝加哥。在苏小姐演出后，两人在她的小套间里用晚餐，寒暄了几句之后，毛姆明确告诉她，他到芝加哥来是要求她嫁给他的。苏的回答也很明确："我不愿意跟你结婚。"毛姆感到很吃惊，问她为什么，苏的回答是："我就是不愿意。"毛姆将备好的戒指递给她，她只是称赞了一句"非常漂亮"后，便退回给了他。毛姆说是送给她的，她说："不，我不愿意。"毛姆又追问："是真的不愿意？"苏回答说："如果你想跟我同床，是可以的；但我不愿嫁给你。"

毛姆回到纽约后，从报上看到，苏·琼斯已于12月13日在芝加哥与安格斯·麦克唐奈尔结婚。毛姆相信，此人就是他在甲板上看到的那位男子，苏早已与他同居并已怀孕。苏·琼斯活到六十五岁，于1948年去世，但她作为毛姆笔下最真实的女性，与他的名著《寻欢作乐》同时获得不朽，被认为是20世纪英国小说中最值得怀念的女性人物。

《寻欢作乐》快结束时，有一个场面：名作家爱德华·德里费尔德去世后，毛姆的替身阿申顿去访问他的遗孀。这位第二夫人把露西说得一无是处，甚至说她"不可能是个好人"。阿申顿针锋相对地反驳了她，毫不含糊地说："在这点上你恰恰弄错了。"阿申顿解释说，露西"是个很单纯的女人"，她对人天生容易产生好感，当她喜欢一个人的时候，她觉得和他一起睡觉是很自然的事，这并非道德败坏，也不是生性淫荡，这是她的一种天性。作家用最高尚、最纯净的比喻说，露西把自己的身体交给别人，就像太阳发出光芒、鲜花吐出芬芳一样自然，她感到这是一种愉快，她愿意给他人带来快乐。阿申顿对露西的评语是："真诚、无瑕、天真"，"像黎明一般圣洁"。

阿申顿／毛姆对露西／苏·琼斯做这样的评价完全可以理解。毛姆一生有过多次爱情事件——异性的和同性的，但只有苏·琼斯才是他爱得最深的。她不但带给他快乐，还作为他的缪斯，使他创作出他最成功的作品之一《寻欢作乐》。人们相信，毛姆在这部书中说的在与露西一起的日子里"露西使我的生活充满欢乐"，的的确确是毛姆当时的真实感受。正是他与苏·琼斯的这种给他带来无比欢乐的爱情，使毛姆终生难忘，深信"总有一天我会把她写进一部小说里去"。毛姆等待多年，最后才因有哈代之死的触动，使他产生创作《寻欢作乐》的动机，并在整个创作过程中得以重温自己这一段最美好的爱情。不用说，毛姆认为《寻欢作乐》是"我最喜欢的书"是理所当然的。

文学史没有辜负毛姆这部以自己的深切情感创作出来的作品。在1910年之前，英国文坛上公认的巨匠是萧伯纳、高尔斯华绥、赫伯特·威尔斯等，1910年到1930年被称为是"劳伦斯的时代"，"最优秀作家"的名单上都没有毛姆的名字。但是，随着《寻欢作乐》的出版，具有崇高地位的《年鉴》在评论当年的文学情况时说，此书和作者的另一部小说《人性的枷锁》，使毛姆"在本世纪的文坛上获得了一种确实很少有人能与之共享的荣誉"。毛姆自然要感谢他的缪斯苏·琼斯了。

帕斯捷尔纳克的"拉拉"

1995年9月8日,奥尔迦·伊文斯卡娅因癌症病逝时,《纽约时报》在9月13日刊载的"讣告"中,把她和俄国两位大诗人生活中的女子相提并论,说:"有如若无安娜·凯恩,普希金就不完整,若无伊莎多拉,叶赛宁就什么也不是;倘若没有奥尔迦·伊文斯卡娅——《日瓦戈医生》的灵感源泉,帕斯捷尔纳克就不会成为帕斯捷尔纳克。"

略具俄罗斯文

帕斯捷尔纳克

学知识的人都知道,是安娜·凯恩,使亚历山大·普希金写出他流传千古的爱情诗《致凯恩》:"我记得那美妙的一瞬:/在我的面前出现了你,/有如昙花一现的幻想,/有如纯洁之美的天仙……"此诗为世界上多少青年男女所熟记。想必大家也知道,1921年秋在画家格里高利·雅库洛夫的工作室,旅居巴黎的美国女舞蹈家伊莎多拉·邓肯第一次见到苏俄诗人谢尔盖·叶赛宁时,以她所识不到十个的俄语单词,吐出了"天使"这两个字,来赞美面前的这个小她十六岁的男人;随后,两人相爱、结婚,遍游欧洲,度过两年美妙的时光。那么,帕斯捷尔纳克怎样因有奥尔迦·伊文斯卡娅才成为帕斯捷尔纳克呢?

帕斯捷尔纳克创作了他的名闻全球的小说《日瓦戈医生》后,一次有位记者问他,小说里的女主人公"拉拉"是否实有其人。帕斯捷尔纳克坦率地回答说:"是有拉拉这么个人。我希望你去见她。这是她的电话号码。"就这样,帕斯捷尔纳克把奥尔迦·伊文斯卡娅的电话号码告诉了他。

确实,奥尔迦·伊文斯卡娅既是《日瓦戈医生》这部小说的灵魂人物拉拉——拉丽莎·费多洛夫娜·安季波娃的原型和其他许多作品的灵感来源,同时也是他生活中的灵魂人物。

奥尔迦·符谢沃洛朵芙娜·伊文斯卡娅(Ольга Всеволодовна Ивинская,1912—1995)生于俄罗斯西部的坦波夫,1915年随父母移居莫斯科。她父亲是省高校的教师,母亲已是第二次婚姻。

据同时代人回忆,奥尔迦颇有姿容,比小说里描写的拉拉更有诱人的美。可惜她一生命运不济。

奥尔迦·伊文斯卡娅1936年毕业于莫斯科编辑学院创作系,随后在多家文学刊物担任编辑。毕业这年,她就嫁给了青工学校校长伊万·叶米里扬诺夫,但三年后,丈夫上吊自杀,留下一个女儿伊琳娜。

奥尔迦·伊文斯卡娅

1942年,她与《飞机》杂志的主编亚历山大·维诺格拉多夫重新结婚,生了一个儿子德米特里,维诺格拉多夫后来在战争中牺牲了。期间,她母亲又在1941年被捕,两年后才得以释放。奥尔迦·伊文斯卡娅真是一个不幸的女人。

奥尔迦喜爱文学,尤其是诗歌,常以优美的诗歌来抚慰自己的心灵。从十多岁那次参加一个文学聚会,听了帕斯捷尔纳克的诗作的朗诵之后,她便热烈地爱上了这位诗人的作品。因此可以想象,当1946年12月(也有说是10月),她在自己任职的《新世界》杂志见到她心中仰慕已久的大诗人帕斯捷尔纳克时,她的心会是多么激动。

鲍里斯·列昂尼多维奇·帕斯捷尔纳克(1890—1960)生于莫斯科一个已经为俄罗斯东正教接纳的一个富有文化素养的犹太人家庭,父亲是"莫斯科绘画、雕塑和建筑学院"的教授,一位后印象派画家;母亲是一名钢琴家。家中来往的友人包括音乐家谢尔盖·拉赫玛尼洛夫、歌唱家亚历山大·斯克里亚宾、思想家列夫·舍斯托夫、德国诗人雷纳·里尔克,当然还有父亲最崇敬的列夫·托尔斯泰。

鲍里斯出生不久,父母就脱离东正教,而参与到托尔斯泰所从事的基督教运动中。运动的宗旨是遵循耶稣,主要是耶稣在《登山宝训》中的教导,处世为人以爱乃至对仇敌的爱为新律法。鲍里斯清楚

画家父亲笔下的帕斯捷尔纳克

地记得，托尔斯泰的小说《复活》在彼得堡出版商马尔克斯办的《田野》上一章一章连载时，他父亲正在为它创作精美的插图，并及时寄往那里。1910年11月，当他父亲接到电报，说托尔斯泰离家、在阿斯托波沃车站站长家中病逝时，他立刻带着鲍里斯赶去那里，画下一幅大师弥留之际的肖像。鲍里斯·帕斯捷尔纳克深深感受到，他们"整个家庭都充盈着他（托尔斯泰）的精神"。

受斯克里亚宾的启发，帕斯捷尔纳克起先就读的是莫斯科音乐学院，但是不久，1910年他又突然去德国的马尔堡大学研究新康德主义哲学。虽然他的导师——新康德主义马尔堡学派的创始人赫尔曼·柯亨鼓励他继续留在德国深造，但他还是在第一次世界大战开始之际回到了俄国，并因健康原因没有服役上前线，而是进了乌拉尔附近的一家化工厂。"十月革命"爆发后，帕斯捷尔纳克不像他家的其他成员或他们的一些亲密朋友一样离开俄国，而是留在莫斯科。1917年，继四年前第一部《云中的双子座》之后，帕斯捷尔纳克相继出版了诗作《在街垒上》（1916）和《生活，我的姐妹》（1923）及其他一些诗篇，被看成是一名诗坛的新秀。特别是《生活，我的姐妹》，这部革命化的俄罗斯诗歌，改变了奥西普·曼德尔施塔姆、马琳娜·茨维塔耶娃等为代表的脍炙人口的诗风，也让诗人闻名全国，全国很多的青年男女都爱读他的诗，他们甚至在梦中都希望有机会见到这位诗人。奥尔迦·伊文斯卡娅就是帕斯捷尔纳克的诗的热烈崇拜者。1946年冬终于如愿在编辑部见到她的这位诗人上帝，这可是奥尔迦此前所不敢想象的。

第一眼见到奥尔迦·伊文斯卡娅，帕斯捷尔纳克就受到感动，因为她的容貌竟是那么像他当年在马尔堡大学第一次爱上的那个女孩子——莫斯科著名茶叶商的女儿伊达·费索茨卡娅，他曾在1917年的诗作《马尔堡》中描述过他的这一初恋。

第一次相见，这一对爱诗和写诗的人就谈得十分融洽，两人立即被对方吸引。帕斯捷尔纳克向她表白，称她是"我的生活，我的天使，我真心爱你"时，她是何等激动啊。她写信告诉她的朋友，说与帕斯捷尔纳克会面，有如"在和上帝交谈"。

离开编辑部后，帕斯捷尔纳克给奥尔迦·伊文斯卡娅寄去他的诗作和他的译诗。从20世纪30年代斯大林的"社会主义现实主义"被作为苏联作家、艺术家唯一遵从的创作方法之后，不肯屈就的帕斯捷尔纳克便转向翻译歌德、里尔克、维尔兰等人的诗作，他还译出了莎士比亚的《罗密欧和朱丽叶》《安东尼和克莱奥佩特拉》《哈姆莱特》《麦克白》《李尔王》及《奥赛罗》第一、二两幕。随后，帕斯捷尔纳克又一次次邀请奥尔迦和他一起散步，还送她照片，把自己创作和翻译的诗献给她。帕斯捷尔纳克送奥尔迦一本他翻译的裴多菲的诗集。山多尔·裴多菲（1821—1856）是匈牙利伟大的革命诗人，被视为匈牙利人渴望自由的象征；他参加革命，亲历战斗，被俘后，三十五岁时死于肺结核。裴多菲1947年与他所爱的茱莉亚·森德雷结婚，然后度过幸福的蜜月。茱莉亚赋予他灵感，让他写出大量优秀的爱情诗。帕斯捷尔纳克在送给奥尔迦的这本裴多菲诗集上题写道："裴多菲的1947年5、6月是一个代码，我真情翻译他的抒情诗是表达我对您的感情和思念，与他诗文中的需求相一致。"

爱情是不讲条件的，尽管帕斯捷尔纳克当时已有五十六岁，而她只有三十四岁，奥尔迦仍然爱他。自然，奥尔迦有时不免也有嫉妒心理，因为帕斯捷尔纳克还与他的第二个妻子娜捷斯达一起生活。帕斯捷尔纳克也有心摆脱这无爱的婚姻枷锁，但或是由于妻子的吵闹，或是由于自己的负疚感和对她的怜悯而一次次犹豫，导致他和奥尔迦时常争吵。最严重的也是最后的一次争吵是1959年2月21日至3月3日英国首相麦克米伦率领外相和其他人员访问苏联前夕，有关部门要求帕斯捷尔纳克回避。正好有朋友邀请，帕斯捷尔纳克便在妻子的陪同下去了南方格鲁吉亚首都第比利斯做客。奥尔迦·伊文斯卡娅觉得自己受了怠慢，一气之下，独自去了北方的列宁格勒，这使帕斯捷尔纳克深感不安，天天给她写信。不过，吵过之后，两人仍然相爱如初，他们都感到"有一条比我们两人在众人面前亲切相处更纤细的线"，把他们"结合在一起"。奥尔迦已经成为帕斯捷尔纳克几乎是不可分离的工作助手和生活伴侣。

但是在斯大林的变幻莫测的政治压制之下，他们时时刻刻都在担惊受怕。帕斯捷尔纳克告诉奥尔迦："我希望你永远不会因我而流泪。"作为对她一个预先的警告，他还说："我们的相聚，不论对你和对我，都不会有好的结局。"但这些都没有动摇奥尔迦对他的情感。像这样一个他觉得不仅具有"天仙之美"，更有一颗"金子"般的心的人，帕斯捷尔纳克认为是最理想的、最值得他深深去爱的女性。他称她是"我的美人儿""我的亲人""我的金子""我的生命"，说是她给了他"幸福"，是他不可或缺的"右手"。他向她保证，要把她的"美""锁在诗的昏暗的闺房之中"，并"忘我地埋头于无穷无尽地赞美你和你的才智，还有一而再、再而三地赞美你的善良"。他写了很多诗篇赞美她，如《娇女》赞美她平素像是一个娇女，"那么文静"，与她一起时，"你是一团火，烈焰升腾"；还有《酒花》，说他俩为躲雨钻进常春藤搂抱的树丛，但他觉得，"这不是常春藤，是酒花缠住了树丛"（高莽译诗），使他像喝了它似的陶醉……在创作他史诗式的巨著《日瓦戈医生》时，他还以她为原型，把女主人公拉拉描写为"是世界上最纯洁的人"，她"身上的一切都是完美无瑕的"。

以男主人公的名字命名的小说《日瓦戈医生》通过这个叫尤里·安

得列耶维奇·日瓦戈的医生和诗人以及他的情妇——以"拉拉"为爱称的拉莉莎·费多罗芙娜·安季波娃的生活,反映了苏联人,特别是知识分子在"十月革命"和随后的"国内战争"时期中的徘徊、苦闷和爱情。

帕斯捷尔纳克于1948年开始创作《日瓦戈医生》,除了后来作为医生诗人日瓦戈的作品写进小说里的诗十首曾于1954年以《尤利·日瓦戈的诗》为题在《旗》杂志上刊载外,由奥尔迦打印的书稿则投寄给了《新世界》杂志。但是拖了很长时间,直到1956年9月,以主编康斯坦丁·西蒙诺夫为首的五位《新世界》编委给帕斯捷尔纳克写了一万多字的退稿信,断言这部小说把"十月革命"后的头十年以及随后所发生的一切描写成"是一种罪恶",暴露了作者"一系列的反动观点",作品的"精神是仇恨社会主义"等等,彻底否定了这部伟大的作品。

在此前漫长等待的绝望中,帕斯捷尔纳克在1956年5月20日接待了一位叫塞尔基奥·丹杰洛的意大利人。丹杰洛是意大利共产党党员,受党指派来苏联,在莫斯科电台任意大利语编辑。他受意大利共产党员出版商詹贾科莫·菲尔特里内利之聘,作为该社的驻苏代理人,并及时注意苏联作家有什么优秀的作品出版,向他推荐,以便在意大利出版译本。1956年5月,莫斯科电台对外广播时用意大利语报道说,著名诗人鲍里斯·帕斯捷尔纳克已经完成一部长篇小说《日瓦戈医生》,即将出版,同时还介绍了作品的内容。丹杰洛及时向菲尔特里内利汇报了这条信息,菲尔特里内利指示他立即跟作者联系,设法马上将手稿复印出来寄给他。丹杰洛找到帕斯捷尔纳克后,直接说明他的来意,说很想读一读他的新作《日瓦戈医生》。面对丹杰洛的要求,据高莽在他所写的传记《帕斯捷尔纳克——历尽沧桑的诗人》中的推测,认为"帕斯捷尔纳克……也许他考虑到这位在莫斯科电台工作的意大利人和他代表的出版商都是意共党员,而苏联报刊与电台又都正式传递了《日瓦戈医生》将要面世的消息,在这种情况下把原稿交给外国人并没有什么大问题"。于是,丹杰洛如愿拿到了小说原稿。

早在1949年,得知帕斯捷尔纳克在创作一部被看作是具有颠覆性的作品时,克格勃就决定要惩罚他,但又不敢直接对帕斯捷尔纳克下手,原因是帕斯捷尔纳克名声很大。帕斯捷尔纳克认识斯大林,曾将一位格鲁吉亚诗人的诗作翻译成俄语,使出生于格鲁吉亚的斯大林很是喜欢。据说,斯大林不但在1924年或1925年接见过帕斯捷尔纳克与另外两位诗人谢尔盖·叶赛宁和弗拉基米尔·马雅科夫斯基,还曾在1934年7月的一个晚上给帕斯捷尔纳克打电话,征求他对后来被捕并死于劳改营的诗人奥西普·曼德尔施塔姆的看法。克格勃不敢拘禁帕斯捷尔纳克,就将目标转向他的情妇,也就是毫无防御能力的奥尔迦,并在1950年7月以"间谍同谋犯"的罪名逮捕了她,将她拘禁在莫斯科著名的卢比扬卡监狱,单人监禁。当时,奥尔迦已怀上帕斯捷尔纳克的孩子。但是监狱极端恶劣的生活条件、日日夜夜的审讯,加上官方后来解释说由于"疏忽",将她在监狱的停尸间锁了一夜,以致她流产了。在监狱里,面对官方的施压,奥尔迦坚决拒绝将帕斯捷尔纳克牵涉进一桩编造出来的什么间谍活动中。"我忠于我的生活,"她后来写道,"事实是,这些年里,他们没有使我动摇过"。随后,伊文斯卡娅被送往莫尔达维亚(也译"莫尔多瓦")共和国的一家劳改营。这段时间里,帕斯捷尔纳克不断地给她写信,继续帮助她穷得不名一文的母亲和孩子。在《相逢》一诗中,帕斯捷尔纳克深切地表达了自己的孤独和对奥尔迦的思念之情:"大雪封了路,/埋住了幢幢房屋……这个雪夜加倍长,/我不能画一条线,/隔断在你和我之间。"(张秉衡译诗）在劳改营待了四年之后，直至1953年斯大林死后苏联实行大赦，奥尔迦·伊文斯卡娅才获得释放。

奥尔迦·伊文斯卡娅出狱后，失去了工作，住进莫斯科郊外西南别列杰尔基诺"作家村"帕斯捷尔纳克和他的第二个妻子日娜伊达合居的一座小别墅。帕斯捷尔纳克天天陪伴着她，过了七年幸福的生活。她做他的文学经纪人，为他创作的著作打字，帮助他联系发表和出版事宜。但是当局提防的眼睛丝毫没有放松，时时刻刻注意着这两个人。

在意大利这边，菲尔特里内利抵制住了意大利共产党领导的压力，让人以最快的速度将《日瓦戈医生》译成意大利文，并于1957年在米兰出版。这是《日瓦戈医生》在世界上的首版，被认为是"我们这个时代最重要的著作之一"，"一部不朽的史诗"。1958年10月23日，瑞典学院宣布将1958年的诺贝尔文学奖授予帕斯捷尔纳克，以表彰他"在现代抒情诗和俄罗斯伟大叙事诗传统风貌上所取得的重大成果"。帕斯捷尔纳克当即以极简要的"感激不尽，激动，骄傲，意外，愧疚"这么几个词来表达他的致谢。但是，看到西方各界纷纷致电向作者祝贺，受共产党中央控制的苏联报刊便对帕斯捷尔纳克施加强大的压力。10月26日，《真理报》发表大卫·扎斯拉夫斯基的批判文章《围绕一棵文学杂草掀起的反革命喧嚣》，指控帕斯捷尔纳克"是社会主义革命的污蔑者和苏联

《日瓦戈医生》初版　意大利文

人民的诽谤者",揭开迫害这位大作家的序幕。随后,苏联作家协会宣布开除帕斯捷尔纳克的会籍。帕斯捷尔纳克后来说,他们这样是"要我恨我之所爱,爱我之所恨"。但是压力越来越大,帕斯捷尔纳克只好在12月29日宣称拒绝接受诺贝尔文学奖奖金。这几个月里,不到六十岁的他病了,女作家利季娅·丘科夫斯卡娅这样描述见到他时的情景,"一张焦黄的脸,炯炯有神的眼睛和老年人的脖子",并"第一次发现他走路一瘸一瘸的",完全和以前不一样了。不到两年,在长期的忧郁中,这位伟大作家便于1960年5月30日死于癌症,死前也未能见到他心爱的奥尔迦,她也一直得不到他的任何音信。

帕斯捷尔纳克生前一直担心当局会继续伤害奥尔迦·伊文斯卡娅,以此作为惩罚他的一种手段。他曾给一位朋友写信说:"但愿不要发生:他们会拘捕奥尔迦的。因为打击她就是对我的打击。"他的担心并非无中生有。确实,奥尔迦的苦难远没有过去。

帕斯捷尔纳克去世后三个月,奥尔迦·伊文斯卡娅再次被捕,这次还带上她和第一个丈夫的女儿柳达米拉·叶米里扬诺娃。奥尔迦·伊文斯卡娅被指控是帕斯捷尔纳克的线人,联系西方出版商,为《日瓦戈医生》买卖硬通货,被关进西伯利亚的一个劳改营。苏联的报刊对她竭尽丑化之能事。1961年1月,莫斯科广播电台用意大利语、德语和英语播发,说奥尔迦·伊文斯卡娅欺诈帕斯捷尔纳克的版权继承人,还说她接受海关走私的卢布和美元等等。几个月里,西方的报纸都在抗议逮捕奥尔迦·伊文斯卡娅,直到当局悄悄地将她们释放:柳达米拉在1962年释放,奥尔迦则等到1964年。出狱后,奥尔迦回到她在莫斯科波塔波夫街的公寓,发现所有帕斯捷尔纳克写给她的信件和其他的手稿及文件都被克格勃没收。

奥尔迦·伊文斯卡娅直到1988年戈尔巴乔夫时代才被宣布无罪,

恢复正常生活，但这时她已经是一个衰弱不堪、眼睛半瞎的老人了。根据法律，克格勃应归还从她那儿取走的任何物件。但她希望重新获得帕斯捷尔纳克给她的信件的努力，遭到帕斯捷尔纳克的儿媳——列奥尼德·帕斯捷尔纳克的妻子娜塔莉娅的阻挠。由于俄罗斯最高法院裁定"没有产权证明"和"文件应留存国家档案"，几年的诉讼毫无结果。对她抗议鲍里斯·叶利钦侵犯她的公民权利，使她"不能"过正常生活，也没有任何帮助。

奥尔迦·伊文斯卡娅最后的几年是与她第二次婚姻的儿子德米特里·维诺格拉多夫一起在一个单间的公寓里度过的。1978年，她的俄语回忆录《与鲍里斯·帕斯捷尔纳克一起的岁月：为时间所俘》，在巴黎由法耶德公司出版，很快被译成欧洲所有的主要语言。

苏联解体后，有人声称，从解密的档案中发现奥尔迦·伊文斯卡娅在被捕期间的1961年3月10日曾给苏联共产党书记尼基塔·赫鲁晓夫写过一封信，向这位苏联领导人祈求自由，表示愿意与中央委员会密切合作，取消原来由她联络的帕斯捷尔纳克和外国人的会见，并设法拖延《日瓦戈医生》在西方的出版。1997年11月，《莫斯科共青团员报》刊登了据说是这封信的摘要。据说，奥尔迦·伊文斯卡娅甚至在信中写了这样的话："我尽力做了防止发生不幸的一切的事，但要每件事都立竿见影，这超出了我的能力。是帕斯捷尔纳克自己写了这部小说，是他自己以他所选择的方式接受报酬。不应把他描绘成一个无辜的羔羊。"

这是帕斯捷尔纳克的缪斯写的吗？信或不信，一段时间里争论不休。如今似乎已经不再被人提起了。很多人宁愿觉得奥尔迦·伊文斯卡娅是一个实实在在的拉莉莎·费多罗芙娜·安季波娃，是帕斯捷尔纳克心中的拉拉，她聪明伶俐，性情温和，容貌异常俏丽，灰色的眼睛，金色的头发,以及那身段、声音,轻盈的举止,沉静、潇洒的风度,一切在她的身上都显得那么和谐。当然,最重要的是她对帕斯捷尔纳克的爱,她是他不可分离的工作助手和生活伴侣,他灵感的缪斯。正如帕斯捷尔纳克说的,她"是世界上最纯洁的人",她"身上的一切都是完美无瑕的"。

9 小仲马的"玛丽"

位于巴黎北郊克利希广场附近的蒙马特公墓,是很多去巴黎的人经常前往凭吊的一处著名墓地。进去之后向左,循着圣查理甬道步入第15墓区,沿台阶拾级而上,可以看到一座正方形的坟墓,坟墓顶部有如屋脊并带有屋檐的下面,花岗岩的墓穴上,有一座石棺状的建筑,棺首陶瓷的枕垫,让人联想起墓中之人与情人倚枕而卧的情景。从那面白色大理石墓碑正面所刻的"A.P."两个花体字字母,虽然可以猜到,定是死者姓名的字头,但显然有什么原因,才没有写出他或她的全名,也许碑顶上那瓷质的酒杯和杯前的一束红玫瑰,会使人联想到墓中沉睡着的是一位在灯红酒绿中沦落风尘的女子。

阿尔丰西娜·普莱西之墓

不过石棺四周凭吊者所献上的鲜花和盆花告诉人们,这死者绝不是一个为众人所不齿的娼妓。

不错,以"A.P."为其名字字头的Alphonsine Plessis——阿尔丰西娜·普莱西(1824—1847)死的时候,从地位上说确是一名妓女,但是来这里的、了解她的人都知道并相信,她生前尽管陷于被侮辱、被损害的卖笑生涯的境地,但仍然时刻在追寻自己高尚美好的人生,这以实际表明了,她算得上是一位灵魂纯洁、心地善良的女子。

阿尔丰西娜原是法国北部诺曼底省一个酒精桶修理匠的小女儿,祖辈都是贫苦的农民。不到八岁,母亲就去世了,她被托付给一位农妇照管,在山野里长大,遭到村野俗夫的戏弄,致使在十二三岁时便失去了童贞。两三年以后,可能是被她父亲卖给了漂泊流浪的吉卜赛人,与他们过了一些日子,几经周折,最后被带到了法国的首都。

在巴黎,阿尔丰西娜先是在衣帽店做一名临时工。在这段时间里,她的生活虽然困苦,但过得自由自在:混迹于轻佻的女工中间,她习惯了常常结伴去参加舞会,还接触了一些浪漫小说,受到很深的影响;她喜欢去与大学生们玩乐,去林荫道调情,最后沦为一名妓女。阿尔丰西娜成长为少女后,出落得非常漂亮,有着极其罕见的美貌,这使她得以结识不少上层人士。在这些人中间,除了一般富商巨贾之外,还有三十年后出任外交大臣的安托万·阿盖尔·阿尔弗莱德·格拉蒙公爵和做过俄国驻维也纳大使的封·斯塔盖尔贝格老伯爵,以及年轻的爱德华·德·贝雷戈伯爵等显贵,也有像欧仁·苏、阿尔弗莱·德·缪塞、法朗茨·李斯特等著名的作家、艺术家。

这时阿尔丰西娜正值青春,在二十岁上下,的确是姿容艳丽,优美动人。她体形修长、纤小而苗条、轻盈,她皮肤白里透红,一双椭圆形的眼睛,像是用晶莹的珐琅镶成,只是更显得水灵。嘴唇红得像樱桃,牙齿则雪白、整齐而有光泽,整个身形使人想起一座用萨克森细瓷制成的精美雕像。她的柳条似的细腰、天鹅般的颈项、纯洁而无邪的表情,还有那拜伦式的苍白,披散在白嫩双肩上的浓密的长卷发,裸露在白色连衣裙上方的危耸的胸脯,以及金手镯、宝石项链等装饰,使她显得如皇后一样美丽,被公认是巴黎最迷人的女子。

阿尔丰西娜·普莱西

而且在与名人的接触中,她不但摆脱了贫困,变换了姓氏,改名为玛丽·杜普莱西,还给自己添上了"Du"这么个贵族的头衔。她又遍读瓦尔特·司各特、大仲马、维克多·雨果、阿尔丰斯·拉马丁等人的作品,并广受音乐、绘画和其他艺术的陶冶,使她表现出天资的聪颖,因知识广博且富有艺术修养、态度雍容大方、谈吐温文高雅而显得出身高贵。难怪名诗人泰奥菲尔·戈蒂埃赞叹说:"她仪态万方,像一位公爵夫人。"这位原本来自农村一个贫寒家庭的女子,如今已经蜕变成巴黎社交场中的一颗耀眼的明星。

1844年9月9日,深受当时法国大众喜爱的多产作家亚历山大·仲马(父,即大仲马)与后来被他遗弃的花边女工卡特琳娜的私生子——年仅二十岁、和玛丽同龄的亚历山大·仲马(子,即小仲马,1824—1895),以及他交际场上的挚友欧仁·德雅泽,先是去了圣日耳曼大道雷法莱驯马场跑马;回来晚餐后,就去蒙马特大街的"游艺剧场",目的并不是观看戏剧演出,而是去那里猎艳,看是否可能见到几位漂亮的女子;尤其这家剧院是玛丽·杜普莱西常去的场所,对他们更有吸引力。在此以前,小仲马也曾在交易所广场见过玛丽·杜普莱西一次,她给他留下的印象是一个雍容华贵又十分柔弱的女子;第二天,又在香榭丽舍见她在向路人致意,模样有如一位出巡的王后。但都只是匆匆的一瞥。今日,他穿一身墨绿色的开司米宽领衫,系一条白色领带,裤脚上露出丝袜,还别了几件饰物,带一根手杖,非常富有风度。在德雅泽的怂恿下,小仲马一直在思忖,去剧场后是否有一睹这位巴黎名妓芳容的艳福。

灯光熄灭后,玛丽像一个幻影似的出现在剧场她固定的包厢,离小仲马仅有几步之遥。她脱下小仲马上次看到过的那袭貂皮衬里的斗篷,缓缓地坐下,一手拿着一束红茶花,一手剥着她喜爱的糖果,显得恬然自得。小仲马一见到,就觉得自己已经被这位女子迷住了。他在心中暗暗发誓,总有一天,他要在众多的追求者中拜倒在她的脚前。

演出结束后,小仲马和好友带上玛丽最爱吃的冰糖葡萄干去包厢看望过她一次。十天后,他们又设法得到玛丽的近邻和亲密女友普鲁丹丝·德沃瓦的帮助,去她所住的玛德琳娜大街11号登门拜访。尽管她的父亲兼管家告诫说,玛丽应该去招引像大仲马这类能带给她钻石、包厢、马车的富人和权贵,而不是他儿子这些穷困潦倒之辈,玛丽仍坚持自己的信念:她需要的是一位迷恋于她、依顺于她的年轻情人。她显然对年轻而又风度翩翩的小仲马产生了兴趣。她吩咐让其他的人都离开,只让他一个人留在她家,单独与

画作《阿尔丰西娜·普莱西观剧》

她共度良宵。若干日后，玛丽还悄悄塞给他一把她房门的钥匙。这使小仲马无比欢喜，感到自己终于得到了她的爱："我再也无所求，世界已属于我了。"

从此，他们夜夜相会，双方都深深感受到爱的欢乐。一次，小仲马去时，见玛丽躺在床上，手里攥着一条白手绢；他想亲吻她，也被她挡开了。小仲马意识到，她又病了。这并不令他吃惊，因为认识她之前，小仲马就知道她患有肺结核；她此刻挡开他和不得不回绝他，以限制他的欲望，目的是为了保护他，而这正是出于对他的爱。他看到她有一颗金子般的心。他劝她休息，说她应该去疗养。玛丽声言，这在她是根本办不到的，她的处境不允许她这样做，因为她完全了解那些说是爱她而在她身边打转的男人，他们爱的实际上只是她的艳姿，一旦她真的病了，口口声声发誓爱她的年轻人迟早都会抛弃她。小仲马跟她说，他绝不像这些年轻人，事实上他并不是今天才知道她有病。但他从来没有犹豫过，他甚至相信，如果她把病传给了他，倒是一种姻缘。他向她保证，说自己"至死都爱你"。小仲马确实相信自己是唯一不是仅仅倾慕她的光泽而真正爱她本人的人。他就曾斥责德雅泽用鄙夷的语气谈论玛丽的身价。小仲马的真诚使玛丽深受感动，她向他保证，说自己从没有像爱他那样地爱过别的男人。不过她不接受小仲马要她不再去理睬那个做她监护人的斯塔盖尔贝格伯爵的建议，她要求小仲马在爱情上不猜疑、不任性、不奢望，容忍她在爱他的同时又可以接待别的情人。

小仲马的确是真心爱着玛丽，平时他与她一起跑马、赴宴、逛舞厅、进剧院，不惜花费巨资，以致背上沉重的债务。此外，他还陪她去她老家空气清新的乡间养病。但他不能容忍她同时爱着其他的男人。当他发觉在他这位情妇的生活中，不但有封·斯塔盖尔贝格这类地位重要的大人物，还有年轻的爱德华·贝雷戈和其他的人，他简直是难以自制了。尤其是，他发觉她给他们写了充满情爱的信，却不让他知晓，同时又向他们隐瞒了她与他的关系。虽然她向他解释："与他们相处，我不得不违心作戏，只有与你在一起时，我才体会到自己被爱的幸福。"可他仍然不能接受，也无法相信。他责问她为什么要这样撒谎，玛丽竟然若无其事地用多年前听来的一句俏皮话来回答，说"经常撒谎的人牙齿会白"。于是，小仲马在1845年8月30日的深夜，给玛丽·杜普莱西写了一封绝交信：

我亲爱的玛丽：

　　我既不像我所希望的那样富有而配得上去爱你，也不像你所希望的那样贫穷而值得你去爱。那么，就让我们相互忘却吧！对你来说，忘掉的是一个无关紧要的名字；对我来说，忘掉的是一种无法重现的幸福。

　　没有必要向你陈述我是多么痛苦，因为你完全知道我是多么地爱你。

　　别了，玛丽！你感情丰富，不会不了解我写这封信的目的；你聪明过人，不会不原谅我写了这一封信。

永远怀念你的　亚·仲

小仲马显然没有收到杜普莱西的回信。三个月后，他找到了另一位情妇，随后与父亲一起去北非阿尔及尔、突尼斯等地旅游。在此期间，玛丽病情恶化，并在1847年的2月3日病逝；又因封·斯塔盖尔贝格破产自杀，她的家具等一切物品也都被拍卖。等到小仲马于次年的2月10日回到巴黎时，玛丽已经被安葬在蒙马特公墓。

本来，小仲马曾为自己对待玛丽过于苛刻而感到过内疚。他深深觉得："我不能感到对她是清白无辜的。"如今，她的死讯就更使他悲伤和悔恨。他匆匆赶到玛德琳娜11号——她旧日与他欢聚的地方，见人们正在清点她的遗物拍卖，吸引了不少人，连英国著名作家查尔斯·狄更斯也来了。小仲马一眼就注意到摆在壁炉上当年他送她的那本普莱

青年时代的小仲马

沃神父写的爱情小说《曼侬·莱斯戈》，不觉停下了脚步；又看到他熟悉的那条花边衬裙，就几乎掉下泪来。他如何才能向这个再也永远见不到、也始终无法当面向她诉说的女子袒露自己的心呢？

当作家与他所爱的女人永别的时候，爱情便在他的心里获得新的生命。不论是所爱的女子不再爱他，还是因某种原因死去，都会比成功的爱情带给作家更为强烈的感受，并赋予他更加丰富、更为充溢的灵感。这在文学史上是屡见不鲜的。小仲马也这样，爱的永别使创作的激情在他的心中油然而生。

传统的道德观念，包括对戏剧和小说创作的要求，认为与人通奸的有夫之妇或青楼卖身的年轻女子都是灵魂有罪的人，应该使她们改邪归正，获得新生，要不就在自杀或被杀中处死她们。小仲马显然有意背离这种传统：出于对玛丽·杜普莱西的爱，他要把以她为原型的主人公写成是一个灵魂高尚的人，而不是一般人心目中的下贱的妓女。

小仲马原来除了决定以十分欣赏和赞美玛丽·杜普莱西的诗人——

"善良的泰奥菲尔·戈蒂埃"的姓作为女主人公的姓外,还准备毫不顾忌地以她的原名阿尔丰西娜来为女主人公命名。后来他觉得这还不足以表现他所爱的这位女子的高贵,就改用圣母玛利亚的名字来命名她,把她看成是圣母和天使,称她为"玛格丽特·戈蒂埃",同时保留玛丽生前众人给予她的亲切的外号"茶花女",并以此为作品的名字。

小仲马在小说中不仅赋予玛格丽特异常艳丽的外貌,极致地表现她"难以描绘的风韵",最重要的是特别注重刻画她那美丽的心灵。

玛格丽特尽管是一个妓女,却是一位热烈追求真正爱情的女性,她与男主人公阿尔芒·迪瓦尔的悲剧,原因主要不在于情人双方内在个性上的冲突。阿尔芒并不鄙视玛格丽特的妓女身份,他十分尊重她的人格;玛格丽特也不嫌弃阿尔芒私生子的地位和他贫穷的境遇,她非常珍惜他对她的真诚,是真挚的感情维系着两人的爱。障碍来自外在的因素,即阿尔芒父亲的反对。玛格丽特首先意识到,由于她以前的身世和如今的疾病,她只能给她所爱的人带来祸害。于是她自觉地选择了献身的行为。在给阿尔芒的告别信中,她最后一次向她所爱的人表达她的爱和感激之情,说自己是个"堕落的姑娘","她曾经一度享受过你的爱情,这个姑娘一生中仅有的幸福时刻就是你给她的";同时,又违心地妄称自己已经成为别人的情妇,因此他们之间的一切都已结束。小仲马这样描写玛格丽特,他的动机,用他自己的话来说,是为了表现玛格丽特故意设法"使阿尔芒憎恨自己",刻画出"与她一生所显示的人格适成悖逆的忘我精神",以达到"美化她的个性"的目的。

小仲马承认,在《茶花女》的创作中,"我感到……似乎体验到了……画家通过描绘人物表现自己的快乐"。这是显而易见的,因为在创作中,他宣泄了自己郁积于心的情绪,又重温了一次比现实更为浓厚的爱情。

小说《茶花女》是在玛丽·杜普莱西去世一年之后，即1848年发表的，立即引起轰动。作为作家和他父亲因桃色事件而破产的不幸的见证人，小仲马珍视自己的生活素材，又从中觉察出这类题材的社会意义和社会价值。他曾说过："任何文学，若不把完善道德、理想和有益作为目的，都是病态的、不健全的文学。"于是他同时把《茶花女》改编成话剧，并从这里起步，创作了《半上流社会》（1855）、《金钱问题》（1857）、《私生子》（1858）、《放荡的父亲》（1859）等一系列以妇女、婚姻、家庭问题为题材，表现金钱势力破坏爱情婚姻，宣扬婚姻家庭神圣的剧作，最终成为法国的"问题剧"的开创者之一。

《茶花女》插图

当小说《茶花女》风靡巴黎的时候，意大利著名音乐家朱塞佩·威尔第正在巴黎。这位天才的歌剧作曲家立即从小说的动人故事中获得了启迪和灵感，感到可以把《茶花女》改编成歌剧，并立即开始构思歌剧的音乐主题。1852年话剧《茶花女》上演后，威尔第更坚定了自己原来的设想。于是，他先是拟出一份提纲，请他的好友皮阿威撰写歌剧剧本，随后自己一心投入音乐创作，据说只花了四个星期，就完成了以《失足者》为名的《茶花女》歌剧总谱，于1853年3月6日在他本国威尼斯著名的菲尼斯剧场首次公演。这第一次演出虽因背景的现代化、表现的重在心理刻画，不符合观众的趣味，加上扮演重病的女主人翁的演员过于肥胖，以致未能成功，但从1856年起，歌剧先后在伦敦、圣彼得堡、纽约、巴黎上演，一直受到广泛的欢迎。如今，一个半世纪以来，像小说《茶花女》已经成为世界各国的畅销书一样，歌剧《茶花女》也已经成为世界各著名歌剧演员和歌剧院的保留剧目了。

10

叶芝的莫德·冈

1889年1月30日,一位年轻女子从马车上下来,带着苏格兰著名国家主义者约翰·奥利里的介绍信,来到伦敦郊区贝德福公园布伦海姆路律师和著名肖像画家约翰·叶芝的门前。约翰·叶芝的儿子,二十三岁的威廉·巴特勒·叶芝后来写到他当时见到这个女子时的感觉:

> 我从未想到过,会见到世界上有一个如此至纯至美的女子。这美该是在名画、诗篇和某些古老的传奇中才有。肤色有如苹果树上的花朵,脸容和体态具有诗人威廉·布莱克说的到老都极少改变的无上之美,身子是那么的伟岸,仿佛她是一员神族。她的动作和她的外表也是如此的相配。我终于明白,为什么古代的诗人爱上某个女士,在我们只会谈她的脸容、外貌时,便讴歌她步态像一位女神。

爱尔兰大诗人叶芝

爱尔兰诗人威廉·巴特勒·叶芝（1865—1939）生于都柏林郡的桑迪芒特，两岁时随家人迁居伦敦，但童年和学生时代的大部分时间都是和祖父母一起在斯莱戈过的。1874年，全家迁回伦敦，1881年他又随家人回到都柏林，入伊拉兹马斯·史密斯中学。1883年，他在都柏林的大都会艺术学校就读，认识了一些其他的诗人和艺术家。此时，叶芝开始写作，并于1885年在《都柏林大学评论》上发表了两首抒情短诗。在1887年全家又迁回伦敦后，他开始专门从事写作。由于对神秘主义感兴趣，相信它是一种远离平凡庸碌的尘世的想象中的生活方式，他加入了唯灵论学会。这时，叶芝已经成为一个有自信的年轻人了，相信自己的审美力和艺术风格感。他虽不自我吹嘘，但收录在《奥辛游历记及其他》（1889）中的唯美主义诗作，十分优美，也显得很高傲，受到广泛的好评。奥斯卡·王尔德称颂这些作品"视野宏大"，威廉·莫里斯据此预示诗人定会有一个"美好的未来"。但是对他影响最大的既不是报刊的评论家，也不是同行诗人，而是莫德·冈这位美丽的民族主义鼓动家。看来，她是在他的《奥辛游历记及其他》出版之后不久来约翰·叶芝家的，不是为了找这家的主人，而是要见他的儿子。

莫德·冈（Maud Gonna，1866—1953）生于英格兰萨里郡，是爱尔兰第17骑兵团上校托马斯·冈的大女儿。莫德·冈曾这样写到她的家境："冈的家系来自（爱尔兰西部康诺特省的）梅奥郡，我的曾祖父去国外寻求财富经营葡萄酒，我的祖父据说有一家兴旺富有的公司，在伦敦和波尔多都有房产，他派父亲负责国外业务，并让他在海外受教育。我父亲会说六种语言，但对商业几乎没有兴趣，因此在英国的军队里搞到一个军官职务。他的语言天赋使他在奥地利、巴尔干和俄罗斯获得外交任命，他在巴黎待的时间与在都柏林待得一样多。"

莫德·冈五岁时，母亲就去世了，由保姆和家庭教师照看她。父亲被派驻海外时，就送她去法国的一所寄宿学校接受教育。1882年父亲回都柏林后，她就回来陪伴父亲，直至父亲在1886年去世。

莫德·冈

叶芝在1月30日这次的"惊艳"，像是神话中说的，被爱神丘比特的箭射中。

那天，莫德·冈请叶芝在当晚一起吃饭，叶芝接受了她的邀请。随后在她待在伦敦的连续九个晚上，他们都在一起用餐，他对她谈两人都感兴趣的精神哲学和对超自然的兴趣。这样一来，叶芝深深爱上她了。但他的爱没有成功的希望。因为莫德·冈喜欢他，但不爱他。她的爱倾注在爱尔兰。莫德·冈童年时代在爱尔兰目睹一桩残暴的驱逐租户事件，激发她在法国时便加入反英的圈子中。她相信独立就意味着心灵的独立和渴望投身于实际行动。回到爱尔兰之后，出于对爱尔兰人民的同情,她放弃了自己在都柏林上流社会的社交生活,投身到为爱尔兰民族争取独立的运动和释放爱尔兰政治犯的斗争中,并成为领导人之一。她为理想在巴黎、伦敦和都柏林奔走,与此同时还成为爱尔兰剧坛上的一名演员。

在被莫德·冈迷住后,叶芝向她提出,要为她写一部让她扮演主角的剧本《凯瑟琳伯爵》,因为莫德·冈在因肺结核而不得不中断她的演员生涯之后,希望能在都柏林参加一次剧作的演出。叶芝在这年的2月开始创作,5月完成。该剧以莫德·冈为原型,情节以叶芝收藏的一部《爱尔兰民间故事集》中"凯瑟琳·欧西亚女伯爵"的故事为基础进行改编,叙述爱尔兰的一位"天使一样美丽的女伯爵",为了拯救她管辖下在大饥荒中挨饿的农民,先是以她的全部财产,然后以她的灵魂,作为与魔鬼交换的条件。结果是农民免受了饥饿,她去世后也上了天堂。该剧于1899年5月8日在都柏林首演。

最初,在和莫德·冈相处的时候,叶芝只是心里在想:"她会是一个什么样的妻子呢?"过了两年,1891年的7月,他在都柏林去看她的时候,再一次感到自己深深地爱着她,但没有明白向她表示。一个星期后,莫德·冈给他写来一封信,说她很难过,她梦见他们原来在阿拉伯是兄妹,都被卖为奴隶。于是,他急速赶往都柏林,要求她嫁给他。他坐在那里,握着她的手,说得很激烈。她挪开他的手,跟他说:"不,她永远不会结婚,她希望他们做朋友。"后来莫德·冈在热衷于各种示威、集会等活动的同时,还鼓动叶芝参加了几次都柏林的示威活动。

几年后,一次叶芝和莫德·冈一起用早餐时,莫德·冈问他是否做过一个古怪的梦。叶芝说,他曾梦见她吻他。莫德·冈后来告诉他,说是一天晚上,她刚睡着,就看见一个形体硕大的精灵站在她的床边;

那精灵把她带到一大群精灵跟前，他也在这些精灵中间。她把手放在他的手中，告诉他说："我们已经结婚。"后面的事，她就什么都记不起来了。第二天，她很后悔对他说了这样的一个梦，因为她曾经说过，她永远不会是他现实中的妻子。当时在回答他她是否爱过某个人时，她曾说过，"是的"，有过一个。她这是指她肺结核康复后，回到法国时，在鲁昂成了一位比她大十六岁的记者和右翼政治家吕西安·米尔瓦耶的情妇，两人都有共同的理想，要为爱尔兰的独立和收回德法战争中割让给德国的阿尔萨斯—洛林地区而斗争。她在1889年还为他生过一个儿子，五年后又生了一个女儿。

虽然这样，叶芝仍旧继续爱着她，莫德·冈也仍旧拒绝他的求婚，但要求他继续他们的友谊。在以后的二十五年里，叶芝还继续多次追求她，并写了十多首诗，恳求她答应或考虑不再断然拒绝他的爱，使他失去一切希望。但一次次都被莫德·冈回绝。叶芝1893年创作的《当你老了》是最常被提及的："当你老了，头白了，睡意昏沉，／炉火旁打盹，请取下这部诗歌，／慢慢读，回想你过去眼神的柔和，／回想它们昔日浓重的阴影；多少人爱你青春欢畅的时辰，／爱慕你的美丽，假意或真心，／只有一个人爱你那朝圣者的灵魂，／爱你衰老了的脸上痛苦的皱纹；垂下头来，在红光闪耀的炉子旁，／凄然地轻轻诉说那爱情的消逝，／在头顶的山上它缓缓踱着步子，在一群星星中间隐藏着脸庞。"（袁可嘉译诗）这首诗以真切的情感和优美的意境，再现了诗人对莫德·冈忠贞不渝的爱恋之情，同时也揭示出爱情在理想和现实之间的距离。

1901年5月，莫德·冈从美国巡回做鼓动讲演回来，和叶芝见面时，叶芝用批评的目光打量着坐在沙发上的她和她的妹妹凯瑟琳·菲彻，然后跟凯瑟琳说，他很喜欢她穿的衣服，还说，她看起来比以前

莫德·冈正面照

更年轻。凯瑟琳回答说,衣服做得不漂亮。根据这次见面,叶芝写了一首诗《亚当的噩运》。

《亚当的噩运》是一首描述诗人与莫德·冈和她那"声音娇嫩又温存"的妹妹——一个"美丽温柔的女人""一起议论诗"的短诗。诗中除了像古代诗人论诗时常说的,写诗若没有神来之笔,还不如"当采石工"或者"擦厨房的板",也写到爱情:"我有个想法,只说给你一人听,/你是美丽的,我竭力尽心,/用古老高尚的方式来爱你,/仿佛是皆大欢喜,但我和你,/却像那轮残月深感倦意。"(袁可嘉译诗)流露出对莫德·冈的失望。

在他们三人见面后的一天,叶芝让莫德·冈专程陪他去看威斯敏斯特教堂的"斯昆石"(Stone of Scone)。

斯昆石,又名"命运之石"。据凯尔特人传说,先祖雅各曾枕此石梦见天使。后来,它被从圣地经埃及辗转运至爱尔兰,最后置于威斯敏斯特教堂。古代曾有预言说,这块石头到哪里,苏格兰人就在哪里为王。

叶芝要去观看这"命运之石",而且特地请他所爱的人陪伴,心意不难猜想,就是希望这"命运之石"在爱情上为他带来希望。莫德·冈在她的自传《女王的奴仆》(A Servant of the Queen)中曾记述他俩当时有一段对话。

(叶芝:)你不能像凯瑟琳那样爱护自己,所以她看起比你年轻。你的脸疲惫而消瘦,但是你始终比她美丽,比我认识的任何人都美丽。你不能那样。啊,莫德,你为什么不能嫁给我,放弃这种后果悲惨的斗争,来过和平的生活呢?我能为你在愿意理解你的作家和艺术家中间过很美好的生活。

（莫德·冈：）威尔，你不要不厌其烦地问这问题好吗？我经常跟你说，感谢神，使我不愿和你结婚。和我在一起你不会有幸福。

（叶芝：）没有你我不会幸福。

（莫德·冈：）哦，不，因为脱离你所谓的不幸，你便会创作出优美的诗篇，并在创作中感到幸福。结婚是一桩多么乏味的事啊。诗人永远不应该结婚。世界会因我不和你结婚而感谢我。

1903年，叶芝惊闻莫德·冈已与她的战友约翰·麦克布赖德少校结婚，虽感无望，还是参考爱尔兰的神话故事，写了一首格律严谨的"半抒情半叙事"诗《贝利和艾琳》。

艾琳因心碎而死，贝利也一样，他的心也"衰竭"了。爱神艾格斯为了帮助他们，便用一条金链将他俩和一群永生的天鹅连在一起，使他们长生不死。此诗明显是叶芝在爱的绝望中的呼救。后来当得知麦克布赖德少校在1916年的起义失败后被处决，他再次向莫德·冈求婚，但仍被对方拒绝。叶芝始终没有得到莫德·冈的爱。现实中，绝望的爱是不能像神话中那样的。到了1917年，在距1889年第一次向莫德·冈求婚二十八年次次遭拒之后，叶芝才停止这种无望的念头，于10月20日与七年前认识的伯莎·海德·李斯在伦敦举行婚礼。这年他已经是一个五十二岁的老人了。

人性是复杂的，情况在变化，人有时不但会违背自己的诺言或誓言，甚至会做出自己事先意想不到乃至当时都没有意识到的事。原来认为没有莫德·冈就"不会幸福"的叶芝，在热烈追求莫德·冈期间和断念之后，又曾接触过几位女性，包括比他大十三岁的格雷戈里夫人和小他三十岁的奥利维亚·莎士比亚，以及梅布尔·迪金森，并与她们发生性关系。1917年7月，他和莫德·冈一起待在法国西北部的寇维尔海滩时，再次向莫德·冈求婚，仍遭拒绝，便于8月里向莫德·冈与米尔瓦耶的生于1894年的女儿伊索尔德求婚，也同样遭到拒绝。隔了两个月，10月20日，他便与七年前认识的伯莎·李斯在伦敦举行婚礼。同样，声称因为乏味而"永远不会结婚"的莫德·冈，不但背着叶芝与吕西安·米尔瓦耶通奸，1900年离开米尔瓦耶后，还嫁给了麦克布赖德。大概只有"诗人永远不应该结婚"这话是永恒的真理。确实是因为莫德·冈一次次拒绝叶芝的求婚，让叶芝创作出多首不朽的情诗，因此，莫德·冈说得对："世界会因我不和你结婚而感谢我。"

GREAT MASTERS MND
GODDESSES

下 篇
艺术家的缪斯

11

毕加索的奥尔迦

西班牙艺术家巴勃罗·毕加索（1881—1973）在他九十二年的生命、近乎八十年的艺术活动中，以大约五万件各种不同类型的作品，表明他即使到了晚年也依然是且始终是一位艺术的创新者。20世纪许多伟大的艺术家，与他同时代和他身后的艺术家，几乎没有哪一个不受他的影响。他无疑是一位天才。

天才总是与一般的人不

毕加索　1953年

同,像小提琴家尼可洛·帕格尼尼、作家乔万尼·卡萨诺瓦,都既有神性的一面,又有魔性的一面。法国记者、作家让·保罗·克雷斯佩尔在他的《毕加索:女人,朋友,创作》中就称毕加索是"波西米亚的卡萨诺瓦"。实际上,毕加索的母亲早在1923年他二十三岁的时候就有更为直接的描述:"小孩子的时候,他的相貌就无人可比,他是美的天使和美的魔鬼……"希腊出生的美国作家阿里亚娜·赫芬顿在1989年出版了一部厚达559页的大书,以《毕加索:创造者和毁灭者》为题,正恰当地体现了这位艺术家的个性。

的确,毕加索的这种双重性格表现在他的艺术创作上,也表现在他与模特儿的相处中,且表现得尤其突出:他沉湎于美的女性,又喜新厌旧;他对她们既有天使的柔情,又常显出魔鬼的粗鲁。但也正是在这种双重的相处中,他从她们那里获得灵感,成就天才的创造。

毕加索的第一个模特儿费尔南德·奥莉维埃(1881—1966)是法国人,原名阿美丽·朗,已婚。1900年,她没有正式办理离婚手续,就离开丈夫,改名逃到了巴黎。在这里,这个十九岁的女子很快就找到为几个艺术家做模特儿的工作,并在纪尧姆·阿波里奈尔等人的朋友圈子里待了下来。

毕加索是1904年在拉维冈路13号那座艺术家们聚居的"洗衣船"大楼外遇见费尔南德·奥莉维埃的。第一次相遇,毕加索就狂热地爱上了这个年轻的女子,费尔南德也接受了他的爱。他为自己真有了一个情妇而感到骄傲,同时还出于嫉妒猜疑,外出时都把她锁在家里。毕加索在许多幅素描和肖像画中表示了对她的爱。

几年下来,朋友们都感到,这两人的同居显然难以持久,因为他们经常争吵,而且往往一触即发。费尔南德诉说,她在毕加索贫苦时做了他的忠实伴侣,可是现在,他的这个原来一贫如洗的爱人随着声誉的扩展,"他目光中火热的感情已经不只是为她一个人而闪耀"。当初占有她时的那种热切的爱和两人之间的互相信任在私通证据面前也就突然消失了。八年后,当发现毕加索另有所爱时,费尔南德就离开了他。

毕加索这第二个情人是以"埃娃·戈尔"而为人所知的玛塞尔·汉伯特(1885—1915)。

生于巴黎东郊樊尚的埃娃,是一个小资女性。她虽然缺乏费尔南德的动人美感,但她脆弱、优雅的气质,温柔、恬静的性格,使她浑身散发出一种深沉的魅力,更适合毕加索那比较喜欢沉思的性情。

与埃娃共同生活,毕加索感到很是喜悦。1912年五六月、1913年春夏和1914年夏天,他都是和埃娃一起在法国东南罗纳河东岸的阿维尼翁度过的。毕加索是真喜欢埃娃的,他在画她的几幅作品中都标有"我爱埃娃"的字样。不过,纵使埃娃不在1915年12月14日死于肺结核,喜新厌旧的毕加索也不可能和她保持长久的关系,因为一年前遇见奥尔迦·霍赫洛娃时,他已经明显表现出对她的爱慕之情。

奥尔迦·斯捷潘诺夫娜·霍赫洛娃(1891—1955,此前也被译为"科克洛娃"或"柯克洛娃")出生于乌克兰切尔尼戈夫区的涅仁城,父亲是俄罗斯帝国军队里的上校军官。少时父母带她去法国时,看了一次施雷桑夫人的芭蕾舞演出,奥尔迦便喜欢上了芭蕾。出于贵族家庭显姓扬名的传统义务,她决心长大以后也

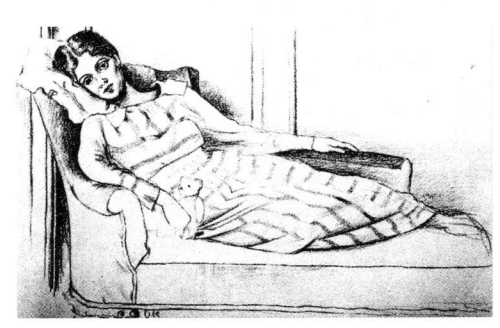

速写　躺着的奥尔迦

要成为一名芭蕾舞女演员,尽管她的父母都一致反对她学舞蹈。1914年,她果真如愿地进入了由著名的俄国艺术促进者谢尔盖·帕夫洛维奇·佳吉列夫1909年组成于巴黎的"俄罗斯芭蕾舞团",佳吉列夫接受奥尔迦的理由,仅是因为他喜欢他团里的女孩子都来自"高贵的"家庭。

芭蕾虽然起始于文艺复兴时期欧洲的宫廷表演,尤其是法国的宫廷表演,但几个世纪以来,技艺时有升落,至19世纪和20世纪,只有俄国和丹麦始终保持着高水准。20世纪,俄罗斯的芭蕾对世界产生过巨大的影响,巡回演出时,所到之处无不得到崇高的赞誉,被认为是20世纪最伟大的芭蕾舞团。

为了在意大利首都罗马演出芭蕾舞剧《游行》,佳吉列夫邀请法国诗人和艺术家让·科克托、毕加索,还有法国作曲家埃里克·萨蒂于1917年2月去那里,分别负责编剧、布景设计和服装、配乐创作。演出获得成功后,他们回到巴黎。5月18日,芭蕾舞团在巴黎第一区著名的"夏特莱剧院"首演《天堂》(Parade)。《天堂》是佳吉列夫与科克托在1916—1917年专门为"俄罗斯芭蕾舞团"编创的,也由萨蒂配乐,毕加索设计布景和服装,该团的首席舞蹈家列昂尼德·费多洛维奇·米亚辛编舞并主演。

奥尔迦·霍赫洛娃并不很美,只不过有一张端庄、柔和的脸罢了。加入芭蕾舞团后,她最初给人的印象确有一些舞蹈才能,1917年出演一出芭蕾舞剧时,她作为四名主演之一,第一次以明星的姿态出现,便达到了专制的佳吉列夫所要求的高标准。但此后就没有获得太大的发展了,都到了二十岁,还只能与别的演员竞争个小角色,至多也不过是在群舞中有一小段领舞。只是她出身上层家庭,有一种正统贵族的高贵气质,一种矜持典雅的行为举止和贵族化的生活素养,尤其是那为欧洲人所欣赏的优雅风度。所以当毕加索在埃娃去世,又有了几次偶然的情感经历之后,第一次见到她,便立即眼睛一亮,被她吸引住,产生感情的激荡。

还在罗马的时候,毕加索就开始注意到这个身材苗条、一头秀发的俄罗斯少女,特别赏识她身上的那种非凡的贵族气质,于是便一直跟随芭蕾舞团,也就是跟随奥尔迦辗转意大利各地。到了巴黎后,他更盯上了她,如他自己所承认的:"一见到她,就不能忘怀。"

毕加索对奥尔迦·霍赫洛娃的这种感情,有他的心理基础。毕加索喜爱俄罗斯的一切,包括喜爱俄罗斯女子。他喜爱俄国作家费多尔·陀思妥耶夫斯基,在他的眼中,每个俄罗斯女子,仿佛都像陀思妥耶夫斯基小说《白痴》中的那个美得使人窒息的纳斯塔霞·费里波芙娜。在他的心里,觉得奥尔迦有一种独特的美,完全不同于他以前的几个女友。他曾又

速写 奥尔迦写字

惊异又兴奋地告诉为芭蕾舞团创作舞曲的俄国作曲家伊戈尔·斯特拉文斯基,认为她"平静且有才智",并说:"只要你想到这一点,就会觉得她具有远超过舞蹈才能的稀有天赋。"

只是奥尔迦平时很少说话,她对毕加索的画作也完全不感兴趣,更不留意他的创作情况。她既不痴迷于毕加索的名声,也没有立刻被

他的执着所倾倒,对这个放荡不羁的艺术家,她甚至有点儿讨厌。他们长时间在罗马街头游荡时,她会无缘无故地独个儿走开,把毕加索远远地抛在那里。有一次,慌乱中她还把他关在门外,不让他进来。这使毕加索十分迷惑,甚至感到沮丧:怎样才能赢得这个女人?

是奥尔迦·霍赫洛娃的哪一方面迷住这位画家的呢?

布鲁克林学院的艺术和艺术史教授杰克·弗拉姆在他2003年出版的《马蒂斯和毕加索:他们的竞争和友情》中说,奥尔迦这位"二十五岁的俄罗斯芭蕾女演员,是一个号称出身于贵族、郁郁寡欢且心地狭窄的可爱女子","她对现代艺术的特别毫不在意,可能伤他(毕加索)的自尊,她还抵制他那引发她激情的性追求"。弗拉姆认为奥尔迦"吸引他(毕加索)的可能只是被她拒绝在他们结婚前和他发生性关系煽动起来的(情欲),(毕加索)认为她还是他所谓的 une vraie jeune fille(真正的处女)。她处女的身份和他此前的那类女人不同。在破鞋和女神之间的区别上,她肯定是后一类,虽然只是暂时的"。也许是这样,但无疑还有别的原因,使毕加索对奥尔迦真是一见钟情,一心追求于她。

的确,毕加索已经差不多四十岁了,奥尔迦却这么年轻,只有二十多岁,在他看来又这么漂亮。所以佳吉列夫曾警告他:"她是一个俄罗斯女子,要跟她这样的一个人结婚,可不是容易的。"毕加索本人在给女作家盖特鲁德·斯泰因写信时也称颂奥尔

毕加索为奥尔迦打伞

迦:"你看她那种高傲的姿态,真正少有的贵族气派……"他担心她不会爱上他。她让他惧怕,又使他克制不住对她的爱恋。是越不容易得到,才越是引起追求吗?也许。

紧跟十月革命之后,又是第一次世界大战和苏俄的内战。这给毕加索带来了契机,因为当时的形势使这个旧俄军官的女儿回不了布尔什维克的祖国了。再加上夏特莱剧院的首演也没有获得成功,法国的有些观众在演出结束时高喊:"俄国人去死吧!"芭蕾舞团无法再在法国待下去了。佳吉列夫只好去拉丁美洲巡回演出。奥尔迦也随团前往。毕加索则一路追随奥尔迦。芭蕾舞团在西班牙的巴塞罗那进行连续演出时,毕加索住在母亲家,每天都到佳吉列夫芭蕾舞团所在的地方去。对奥尔迦的爱慕让画家萌发出创作的灵感,在这段时间里,他画出一幅群舞的速写,飘逸的笔致描绘了七位女芭蕾舞演员的不同舞姿,就像是七位仙女在云端飞舞。他画的《露台》表现了从奥尔迦及其同伴卧室的一个窗口俯视城市的景色。他似乎向画中倾注了最丰富情感的那幅是戴发网的奥尔迦肖像。这是毕加索为奥尔迦·霍赫洛娃创作的第一幅肖像。艺术家运用传统的手法,以丰富的柔情来表现他这位年轻爱人的美。

到了巴塞罗那之后,奥尔迦和毕加索之间的感情有了迅速的发展。她同意让毕加索带她去见他的母亲,介绍与他母亲认识。毕加索的母亲热情地接受了这个俄罗斯少女,还很有礼貌或是很有兴趣地去看她的演出。她深知儿子的心意,说:"我生儿子是为了我自己,而不是为别的什么人,(我知道他)没有女人是不会幸福

披头巾的奥尔迦·霍赫洛娃

的。"毕加索感谢母亲对她的理解,画了一幅西班牙女子的像送给他母亲。对于此事,另有一种说法是,他母亲不希望他儿子娶一个外国女子为妻,于是毕加索便把奥尔迦画成一个西班牙女子,披一袭西班牙民族风格的头巾,送给他母亲,让她高兴。

一次,毕加索和奥尔迦在巴塞罗那街头漫步,一个吉卜赛女子走到他们跟前,提出要以她拿手的传统本领给他们算命。吉卜赛女子先问:"你叫什么名字?"奥尔迦回答说:"我叫卡门,喜欢跳西班牙舞。你呢?"吉卜赛女子回答:"我叫奥尔迦。"这让他们两人觉得真是太奇妙了,心里非常高兴。

现在,摆在奥尔迦面前的只有两种选择:在芭蕾舞团里她可能永远都只能是一个小角色,继续她艰难的人生;要不就跟随这位已经名满全球的成功画家。面对这一现实,奥尔迦决定留下来,留在毕加索身边,与他一起。他们先是在巴塞罗那待了半年,随后一起回到法国。毕加索的追求得到了回报,他们在巴黎大区上塞纳省的蒙特鲁日的别墅住下,雇了一个保姆,陪伴他们的还有几条狗和一些笼鸟。奥尔迦法语说得不好,带有浓重的俄语口音,但她很喜欢听毕加索用很重的西班牙口音给她讲述冗长奇异的幻想故事,日子过得不差。

一天夜里,毕加索突然被一阵轰炸声震醒过来。噪音大,反正睡不着了,便在家里找画布来作画,可是找不到空白的画布,便用浓重的颜料,在一幅意大利画家莫迪里阿尼的画上面,画了一把吉他和一只燃烧瓶炸弹。

在蒙特鲁日,获得精神满足的毕加索还画出了著名的《扶手椅上的奥尔迦》,这让他赢得造型艺术最高奖的卡内基奖,这幅画如今收藏在巴黎毕加索博物馆。这段时间,毕加索同时还画了不少奥尔迦像。有一幅速写,表现他自己坐在餐桌旁,身边是他的两只狗,幸福的奥

扶手椅上的奥尔迦

尔迦像一个少女一样在桌子对面向着他微笑。此时的毕加索都是以精巧的富有魅力的自然主义手法来表现奥尔迦的美,完全不同于以前画奥莉维埃,是奥尔迦影响毕加索改变了画风。

1918年7月12日,按照俄罗斯的传统,毕加索和奥尔迦在巴黎达吕街"圣亚历山大·涅夫斯基大教堂"举行了十分讲究的正统东正教婚礼仪式;随后又另外按法国的法律要求,在新娘正式住所的所在地巴黎六区的政府大楼,举行了一次世俗的婚礼。科克托、阿波里奈尔和马克斯·雅各布三人为证婚人,另外参加婚礼的还有佳吉列夫、盖特鲁德·斯坦因和马蒂斯,但夫妇双方的家属都无人参加。富有的现代派艺术赞助人、长居巴黎的智利女子欧仁妮·埃拉朱里兹(1860—1951)——也是毕加索的赞助人,可能还曾是他此前的情人——送给这对新婚夫妇一床红色真丝床罩,并在法国西南比利牛斯山比亚里茨她漂亮的别墅里为他们安排欢度蜜月。

自己所爱的女子终于投入怀中,让毕加索感到幸福,再也没有此前的那种焦虑和恐惧了,毕加索甚至对他们的婚姻满怀信心。

婚后,毕加索和奥尔迦住进了位于巴黎时尚地区一条热闹街道的新居。奥尔迦作为女主人,就按她的趣味开始装饰住所,并购置了式样精美的椅子,以备招待前来看望他们的客人。毕加索不参与,他只顾自己将原来收藏的雷诺阿、马蒂斯、塞尚和罗素等人的作品挂到楼上他画室的墙上去。

虽然经济已经十分富裕,毕加索仍然习惯于他简朴的生活方式。不过富家出身的奥尔迦要为他购置豪华的服装,他也不反对,只是在上街时,他仍旧比较喜欢穿他原来的那件藏青的外衣。毕加索觉得,如此地把大笔的钱花在购买异国情调的东西上面,还不如慷慨地去帮助穷人。他的妻子却不一样,她追求俗世的享受,她喜欢进豪华的饭店用餐，喜欢参加聚会、舞会等时髦的活动。奥尔迦甚至会离开毕加索，去丈夫放荡浪漫的艺术家朋友们那里去玩。

1918年9月，毕加索和奥尔迦随同芭蕾舞团去伦敦。佳吉列夫要在那里演出《天堂》并献演新创的芭蕾舞剧《三角帽》。新剧也由米亚辛编舞和主演，毕加索绘景和设计服装。他们两人和舞团一起住在豪华的"萨沃依饭店"，晚上则出去参加一次次聚会。每到一处，毕加索和他这个年轻的妻子都会成为人们注目的中心。奥尔迦兴致很好，感到无比的欢乐。在奥尔迦的影响下，毕加索也渐渐地陷入社交生活的漩涡。他在家里装起好多个盥洗室和梳妆室，穿起做工精致讲究的晚礼服，西装背心小口袋里放一只金表，不错过每一次受邀的聚会。一段时期里，他就完全变得像一个花花公子了。

1918年11月13日，毕加索和奥尔迦搬进巴黎右岸中心画廊区"鱼饵街"的宽大又漂亮的公寓。画家的挚友阿波里奈尔十分倾慕他们的住所，曾在最后的日记中写道："要去看毕加索在鱼饵街租到的宽大的新公寓。"可是这位诗人因染上当时席卷欧洲的流行性感冒，高烧不止，虽然此前在战场上天天与死神结伴，并受过重伤，严重虚弱，也回到了家乡；可如今在大战即将结束的两天前，却在这月的9日被小小的病毒夺去了生命。毕加索在电话中听到这个噩耗时，脸都白了，陷入极度的痛苦中。

时间在过去。奥尔迦因丈夫是一

毕加索与奥尔迦及孩子在一起

个有固定雇主订购他的作品的画家而高兴,认为她自己可以,也应该为他的创作做他的模特儿。毕加索继续以奥尔迦为模特儿,创作出《三位舞蹈家》和《舞蹈小组》等作品。

1921年2月4日,奥尔迦生下了孩子保罗。四十年了,毕加索第一次做了父亲,感到异常兴奋。他突然觉得自己很是骄傲。他画了许多孩子和妻子的像,如描绘奥尔迦给孩子喂奶或在雅致的家具中间弹奏钢琴的画作,全都是古典的华丽风格,不仅表现了儿童的天真纯洁和无邪,还表现出一个父亲对他儿子和他宁静的家庭亲切温柔的态度。在他的心中,这些女性就是奥林匹斯山山上的女神。母与子成了毕加索这一时期画作的中心主题。

虽然毕加索因卖画所得渐渐富裕起来,保证了他和他的全家过上安适的生活,但与此同时,他极端的艺术个性和他如今的生活产生了冲突。

毕加索始终希望自己是一个完全自由的人,他的心情总是变化无常。他曾经对上好的招待和社交有过浓厚的热情,夜晚的活动不论多久也不减退他的兴趣。但后来当他发现奥尔迦所追求的这些社会活动影响到他的创作时,他对这种生活就开始感到厌倦了。他越来越发现,他和奥尔迦的兴趣和期望都不一样,他同时还觉得她缺乏他所期待的那种激情。而对艺术的这种激情,在他看来,是一个真正艺术家的生命,甚至比生命还重要。

毕加索常跟人谈到贝尔纳·帕利西(1509—1590)。帕利西是16世纪法国胡格诺派的制陶师,主要从事制作彩色铅釉的简朴粗陶器的工作,他的作品多为圆或椭圆的碟子、水罐或船形调味壶,饰以花木、禽兽画或寓言神话故事画。大约1565年为法国国王和王太后制作的朴素陶器使他出了名,作品常被人仿制。他被认为是现代农艺学的创始人和实验方法的先驱,其科学观比现代人的更先进。帕利西还是一位作家,著有探索白釉生产奥秘的《黏土的艺术》一书。帕利西在烤制陶器的时候,为了火力的需要,会不惜将家具等贵重的物品都投放进火炉中去。毕加索很喜欢这个故事,把它看作是为了艺术的激情不惜一切的范例。他宣称,必要时,他也会将妻子和孩子投放进火炉中,为了艺术,而不是为了灭火。

现在的情况是这样,奥尔迦总是要让毕加索参与毕加索觉得阻碍他艺术创作的社会活动,同时还怀疑和嫉妒丈夫与别的女人有性关系,常为此争吵,谴责丈夫对她不忠。她的这种情绪最后导致她失去常态。显然,婚姻已经难以正常维系下去了。对此,毕加索的好友——写过多部有关毕加索的著作的英国作家兼画家罗兰特·潘罗斯做了这样的评述:

> 毕加索在艺术上虽然有了一系列卓越的发现,但是这期间他的家庭生活却并不美满。他强烈地希望能有一个女人对他产生温柔的友谊,陪在他的身边,激发情欲的乐趣,并作为他的家庭的传统支柱。在他年轻时,费尔南德的那种豪放而欠细心的性格没能做到这一点;埃娃已经去世,她原是很有耐心的,但也许过于唯命是从了。他当初固然有过迫不及待的占有愿望,要同奥尔迦组织家庭,但是不久就显然发觉,他的西班牙人遵守习俗的愿望,还不足以克制她的活泼的性格。奥尔迦和保罗的许多单独的或者在一起玩耍的 优美肖像,雄辩地说明了毕加索在早年的忠实,他们之间发生抵触,是由于毕加索本能地害怕引诱他和迫使他采取的那种生活方式有碍于他不断地创作富有创造性的作品。他向她求

婚成功，后来生了一个孩子，这是他们婚姻中仅有的创造性的一面。这件事一旦完成，他们两人意愿的不一致便逐渐导致了另一方面，那就是她变成了毕加索生活中必不可少的精神自由的威胁。

（周国珍等译文）

由于遗产继承手续的技术性问题，使离婚的事无限期拖延。毕加索和奥尔迦未能离婚，但一直分居。在这种情况下，当毕加索1927年1月9日在豪斯曼林荫大道见到一位有着金色头发、一对动人的灰蓝色眼睛，充满青春活力的美貌姑娘时，便一直紧盯住她看，甚至紧跟在她后面，呼唤说："小姐，你有这么一张诱人的脸蛋，我要为你画像。我是毕加索。"并坚持说，只要他们两人在一起，就"会做出许多大事"。于是，这个有"一张诱人的脸蛋"的玛丽·泰雷兹·瓦尔特（1909—1977），便自然而然地成为奥尔迦的替代。后来还有朵拉·马尔、弗朗索瓦·吉洛、雅克琳·洛克。她们都成了毕加索的模特儿和缪斯，他的灵感的来源。但一个个的情况都和前几个类似：每当毕加索发现在她们的身上已经再也获取不到创作的灵感时，他就觉得他和她们的关系已经成为他创造性创作和精神自由的威胁。人们会很自然地抨击毕加索这种喜新厌旧的作风。但是在伟大艺术家毕加索看来，没有什么比创造性的创作和精神自由更重要的了，为了这种精神自由，他是可以将什么都投放进火炉中去的。

12

达利的加拉

"心理分析"理论的创始人、奥地利心理学家西格蒙德·弗洛伊德在他著名的论文《作家与白日梦》中宣称："作家想象中世界的非真实性，对他的艺术方法产生了十分重要的后果。因为有许多事情，假如它们是真实的，就不能产生乐趣，在虚构的戏剧中却能够产生乐趣"，并坚信"他（作家）对这个幻想的世界怀着极大的热情"（裘小龙译文），即把它作为创作的题材。实际上，任何创造性的艺术家都是如此。20世纪三四十年代世界最著名的超现实主义画家萨尔瓦多·达利（Salvador Dali，1904—1989）就以探索潜意识心灵产生的意象而著称。

探索幻想性的意象是达利的天性。从童年时代起，达利便喜欢沉迷在幻想的白日梦中，且毕生如此，如他在自传《萨尔瓦多·达利的秘密生活》中说的："从早晨七点钟起床后，我的头脑整天都不知道休息"，"做我的白日梦"。他称这白日梦为"虚假记忆"，并认定"真记

达利自画像　1972年

忆和假记忆的不同之处与珠宝的情况相似：假的显得更真更光彩夺目"。（欧阳英译文）这就是达利的"超现实世界"。他这"超现实世界"的产生有时竟然达到十分奇妙的地步。

童年中的一次，在看他老师特拉依代尔先生的活动画盒时，达利就在这他称之为"视觉戏剧"中，

> 首次看到了那位俄国少女震撼心灵的影像。我感到她穿着白色毛皮大衣，坐在三套马车的内部，一群眼睛闪着磷光的狼追赶着这套马车。她一动不动地凝视着我，表情里有种吓人的高傲，让我心情沉重。她的鼻孔与她的眼睛一样有生气，这赋予了她一种森林间小动物的样子。这种活泼的生气同面孔的其他部分形成鲜明的对比，使她具有了与拉斐尔笔下的圣母相似的特征……

请注意：那时的活动画盒，就像幻灯片或人们所常见的"西洋镜"，只有一个个画面，上面的人物没有动作，没有表情。但是达利却在这里幻想出这个俄国少女以"吓人的高傲"在"凝视着"他，从而如他后来所认定的：

"这是加拉吗？我确信这就是加拉了。"

莫非这个自觉具有"子宫内的记忆"的天才，在七八岁的时候就预感到当时已经或者以后将会爱上成年后成为他妻子的俄罗斯女子加拉？或者在这出"视觉戏剧"中，这个北国的俄罗斯女子当时就跟达利的心灵发生了撞击？这虽然确实奇妙得无法置信，但还是可以解释的。

人对客观事物的感知，并不是任何刺激都会产生反应的。行为心

理学派以（S——→R）的公式来表达"刺激——→反应"的直接关系。但瑞士心理学家让·皮亚杰通过研究认为："一个刺激要引起某一特定反应，主体及其机体就必须有反应能力。"因此他更改了这个公式，解释道："说得更确切一些，应写作S（A）R，其中A是代表刺激向某个反应格局（schema）的同化，而同化才是引起反应的根源。"（《发生认识论原理》，王宪钿等译文）这就表明，在达利的心理格局中，出现在这出"视觉戏剧"中的，只有像加拉这样的俄罗斯女子，而不是别种类型的女子，才会引发对他的刺激。因而也就不难理解，为什么达利会坚信："我觉得加拉就是我虚假的记忆中被我称为加露琪卡（加拉的爱称）的那位小姑娘……"这就是他理想中所爱的女子了。

达利念念不忘的这个加拉原名叶琳娜·德米特里耶夫娜·嘉科诺娃（Елена Дмитриевна Дьяконова，1894—1981）。她生于俄罗斯伏尔加河流域鞑靼地区喀山的一个小职员家庭。童年时，父母离异，也有说是她十岁那年，父亲在西伯利亚开采金矿时死于贫困。后来，母亲嫁给了富有的律师德米特里·伊里奇·冈贝尔格，全家迁往莫斯科，一切才有了转机。叶琳娜和继父关系很好，像喜欢亲生父亲一样喜欢他。继父有很多朋友，都是律师、教授、作家等人。因为有了他，这个聪颖的女孩得以进入大基斯洛夫斯基胡同4号的"勃留霍年科女子学校"，这是一家在沙皇时代只有上层女子才能进的学校，在这里，叶琳娜受到良好的教育。在这所学校里，未来大诗人玛琳娜·茨维塔耶娃的妹妹阿纳斯特西娅·茨维塔耶娃是她的同学，二人建立了深厚的友谊，在阿纳斯特西娅的影响下，叶琳娜狂热地爱上了诗歌。

1912年，叶琳娜被诊断出患有肺结核。在当时，这还是一种可怕的疾病，因为治疗此病的特效药链霉素要等几十年才能发明出来。于是，继父花钱让她去瑞士东部著名的肺病疗养地达沃斯一家1903年开张的名叫"克拉瓦代尔疗养院"的私人诊所养病。在这里,这位快到十九岁的少女认识了一位来自法国的青年欧仁·格兰代尔(1895—1952)。

当时,欧仁·格兰代尔只是一个爱好写诗的人,但是十多年后,他的第一部重要作品《痛苦的首都》(1926)和随后的《公共玫瑰》(1934)、《丰富的眼睛》(1936)等诗作,使他以"保罗·艾吕雅"的笔名获得20世纪重要的抒情诗人之一的美名,他还是超现实主义的创始人之一。

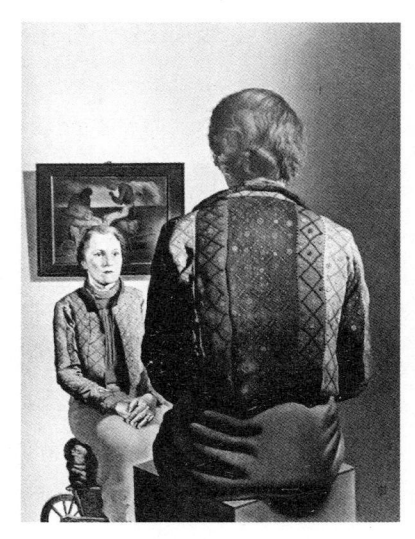

达利表现加拉的作品:《加拉的天使》

叶琳娜·嘉科诺娃也不是一个普普通通的女孩子。法国作家让-夏尔·加托在《艾吕雅传》中写道:

> 她天资聪慧,如痴如醉地读过陀思妥耶夫斯基和托尔斯泰的小说,她关注文学和艺术方面的新闻。在1913年,她画过一幅立体派的素描,她很熟悉俄国的象征主义者。无可置疑,她以其知识的魅力、性格的热情、正确可靠的判断以及斯拉夫人的特质,征服了年轻人(指欧仁·格兰代尔)。

(顾微微译文)

欧仁·格兰代尔虽比叶琳娜小一岁,但很快就被这个黑眼珠的、性感的俄罗斯姑娘吸引了；而对诗的爱，也让她对天生富有诗才的欧仁一见钟情。

室外大雪纷飞，疗养院的环境却非常舒适，两个人在一起有说不完的话。他给她读他写的诗，她对他说："你会成为一个很伟大的诗人。"自然，两人也调情，在这位法国诗人的诗中，可以明显看出肉体诱惑的痕迹远远多于感情狂热的痕迹。叶琳娜·嘉科诺娃成了诗人的缪斯。他写道："我理想的美不再是星星/我要用我歌唱星星的诗韵/……来歌唱你的眼睛。"夏尔·加托在传记中也引了这么一段抒情诗句：

> 哦，如果说今晚，是世界上最美好的夜晚，或世界只是为这一时刻而创造，那该有多好！一如两朵蕴含雷雨的云，我们的两颗心融合在一起。哦，都爱得支持不住了，你的心依偎着我的心。

欧仁称叶琳娜为加拉（Gala），在法语里，Gala是"盛宴"的意思，他大概以此来表达爱的享受。加拉将欧仁的这些诗作，共十四则描写这对秘密未婚夫妇对话的作品集起来，于1914年出版了一册题为《无用之人的对话》的三十页的小书。加拉还为集子写了前言，说："你们不会意想不到，一个读者所不熟悉的女人的想法好不好。作者认识我，我认识他有一段时间了。我觉得他的作品将会是一部小小的杰作……"

时间不长，到了世界大战开始，格兰代尔于1914年12月应召入伍，两人分别时，他们已把对方视为未婚的配偶了。也是因为战争，加拉只好回俄罗斯，直到1917年2月21日举行婚礼，在此之前，两人只在欧仁的病假和休假期间有过几次聚合。第二年5月10日，加拉生下了他们的女儿赛西尔。于是,情爱之外又加上了父爱:"世上所有的同志,/哦,我的朋友们!/都抵不上在我圆桌旁的/我的妻子和孩子,/哦,我的朋友们!"

因为欧仁仍在服役,这对新婚夫妇只能找机会相聚,如欧仁生病请假或住院的时候,他们才得以在租来的家里团聚。加拉对丈夫尽心照料,同时在巴黎做私人教师,两人一起翻译俄国未来主义诗人大卫·布尔柳克的诗作,甚至拟出长期的计划。加拉的爱赋予艾吕雅灵感,让他创作出许多优秀的诗篇,特别是后来收进诗集《痛苦的首都》中的那些。

只是这两个人都不能"躲避诱惑"。于是,这对夫妻互相给予了对方自由。艾吕雅找到他新的灵感,一个以"努什"(Nusch)之名为人所知的超现实主义艺术家、毕加索的模特儿玛利亚·本茨(1906—1946)。加拉呢,她被德国画家和雕塑家马克斯·恩斯特(1891—1976)吸引。恩斯特描述这个"俄罗斯女子……柔软而有光泽的形体,一头低垂的黑发,微微东方式的发亮的黑眼睛和一身纤弱的小骨架,不由让人想起一只黑豹"。两人之间的私情无人不知。加拉裸露胸部,为恩斯特摆姿势;恩斯特从她那里吸取灵感,创作了一些画作。他为她画了七幅肖像画,另一幅《朋友们的聚会》极为有名:画的前排,马克斯·恩斯特自己坐在加拉所酷爱

朋友们的聚会

的作家陀思妥耶夫斯基的膝上,加拉则出现在后排的最右端,斜露出四分之三的背部,以神秘的目光转向正在画她的这位画家。艾吕雅站在后排中间偏左的位置,若有所思地凝视着自己的左手。其他朋友中包括后排最左边的菲利普·苏波,后排右边数过来第四个的路易·阿拉贡和他旁边的安德烈·勃勒东。夏尔·加托称赞这幅超现实主义的作品"价值相当"于法国艺术大师居斯塔夫·库尔贝(1819—1877)的名作《画室》。

一段时间的自由行动之后,艾吕雅和加拉的爱情死而复苏,获得了新生。诗人异常兴奋,他这样描述自己的心理:"我一度以为自己已不再爱她了,可以四处漂泊了。可是瞧,我又找回了她,重新界定了她的地平线。"仿佛真的是这样。他于1925年出版的诗集《假如没有宁静》中汇集了四首诗:诗体的"你的橙色头发……""你的金色嘴唇……"和散文体的"授意的智慧……""她是……",以及十四句格言,加上恩斯特所配的二十幅素描插图,对加拉的脸做无休止的表现,看起来似乎的确巩固了艾吕雅和他的缪斯的和解,让诗人在书中不由欢呼:"夜晚,……远处的大地碎成了静止的微笑,天空笼罩着生命。一颗崭新的爱情之星从四面八方升起——结束了,再没有黑夜的考验。"

"再没有黑夜的考验"了吗?传记作家说:"可是有一种纯精神方面的不协调,使诗人和唤起其灵感的女子之间的共谋关系产生了裂痕。"精神方面不协调造成的裂痕是难以修补的。于是,一旦黑夜降临,不论艾吕雅还是加拉,都会经不起考验。1929年3月,艾吕雅与一位他称她为"苹果"的柏林女子·爱丽斯·阿普菲尔陷入一段短暂的爱情;两年后,他与加拉离婚,随后娶玛利亚·本茨为妻。加拉也从1929年起认识了西班牙超现实主义画家萨尔瓦多·达利(Salvador Dali,

达利创作的加拉雕像

1904—1989），最后成为他的缪斯。

1929年春，热衷于超现实主义的艾吕雅和加拉，与比利时超现实主义画家勒内·玛格里特等去西班牙旅行时，专程前往加泰罗尼亚里加特港的美丽小镇卡达凯斯，去拜访正开始以超现实主义艺术家之名饮誉世界的萨尔瓦多·达利。达利真正注意到加拉是在碰面后的第二天，发现她正身穿泳装躺在沙滩上。"我刚辨认出她裸露的背。"他回忆说，"她的身体有儿童般的体质，她的肩胛和腰部肌肉有青春期那样略显不自然的强健张力。相反，背部的凹陷处却是非常女性化的，与富于活力的躯干优美地结合起来，并且自豪地展示出十分美妙的臀

达利画加拉的作品：《加拉的实体和虚像》

部，这使她的细腰更加令人着迷了。"达利觉得她这躯体真是一件"精湛完美的杰作"。"在这个年长他十岁的漂亮女子身上"，夏尔·加托说，达利"认出了他理想中的女性"。他说，加拉就是他"虚假记忆中被我称为加露琪卡的那位小姑娘，加露琪卡也就是加拉的爱称"。于是，他立刻疯狂地爱上了她，并甘愿尽自己的一切，异常周到地照顾她，给她拿坐垫，送水，安排她坐在能饱览景致的地方，只要需要，哪怕为她脱一千次鞋，穿一千次鞋。他的激烈的爱，甚至使他出现一种他所谓的"歇斯底里综合征"，例如他说："在散步途中我能摸她的手，哪怕只摸一秒，我的所有神经就会颤抖起来。"不过达利说，也多亏有加拉的爱，才治愈了他这一病态。因为有了她，他能够像"中了魔法似的"，歇斯底里的症状一个接一个地消失，新的健康"像一朵蔷薇"那样在他的头脑中生长起来。于是，他又称她为"我的格拉迪瓦"。

达利用"格拉迪瓦"这一名称，具有深意。

格拉迪瓦——Gradiva，拉丁文的意思是"行走的女子"，原是公元前4世纪古希腊建筑顶楼浅浮雕上的人像，表现一个穿着罩袍的女子，正两手提起裙子的褶边信步前行。德国作家威廉·詹森（1837—

1911）曾以这个女子为基础，于1903年写了一部小说《格拉迪瓦》。在这部小说中，格拉迪瓦是治好男主人公哈诺尔德的精神病的女子的名字。1907年，西格蒙德·弗洛伊德在他的著名论文《威廉·詹森"格拉迪瓦"中的谵妄与梦》中认为，哈诺尔德产生的迷恋癖，是他童年时代情感得不到实现的一种替代。达利称加拉是格拉迪瓦，就是把加拉看作是他当年在特拉依代尔老师的"视觉戏剧"中看到的那位可望而不可得的震撼心灵的俄国少女的替代。如今，他欢呼加拉"用她的爱情治好了我的疯病"，于是，他兴奋地高喊："加拉，我的妻子，你是真正的格拉迪瓦！"

对于加拉和达利的关系，艾吕雅表示认可，但以为不会持久，并将1929年出版的一册诗集《诗歌，爱情》奉献给加拉。但是加拉和达利的关系仍在继续，虽然加拉也和艾吕雅通信，即使两人于1931年7月离婚之后也在继续，诗人甚至直到去世前都还给加拉写情书。他至死都不相信她会不再爱他，而认为总有一天，她会回到他的身边。但这不过是他的一厢情愿。

达利的父亲认为他儿子和超现实主义的关系会对他的伦理道德产生坏影响，更看不惯他和这个俄罗斯女人的浪漫情感，对他们的这种情感表示强烈的反对。这导致他父亲和他的决裂。

达利和加拉于1930年1月回到巴黎。到巴黎后，达利想到的第一件事就是买些花送给加拉。在一家花店，他表示要买最好的花，见花瓶中插着一大束红玫瑰，一问，店员说是三法郎。达利一开口就是十束，让店员感到吃惊。谁知三法郎只是一支的价格，而每束可有十支，于是总价是3000法郎。结果，达利只好掏光身上所有的钱，以250法郎买下一束红玫瑰。

达利和加拉在巴黎的伴侣生活，赋予达利深刻的灵感，使他在这

达利和加拉

段时期里创造力高涨：继他与西班牙导演路易斯·布努埃尔合作，充满怪诞意象的超现实主义影片《黄金时代》于1931年1月在伦敦首映之后，11月16日，他又以十八幅油画、两幅素描参加在美国康州哈特福德市举办的"新超现实主义"画展。1932年1月，他先是以三幅油画参加在纽约朱利叶·列维画廊举办的"超现实主义"展览，然后以二十七幅画作于11月11日至12月10日在这家美术馆举办个人展览，同年还在皮埃尔·科勒画廊第二次举办个人展览。20世纪30年代初，达利在他创作的画作上开始并署他和加拉的名字："加拉-萨尔瓦多·达利"，他向加拉解释："加拉，这主要是因为拥有你的活力，才让我创作出作品。"也是从这时开始，加拉成为达利的代理人，并在多方面帮助他，甚至对他的创作方向都产生了影响。

1934年，达利和加拉在巴黎的西班牙领事馆举行婚礼，后来又像另一个西班牙艺术大师毕加索那样，于1958年举行了一次宗教婚礼仪式。从此之后，差不多有三十年，加拉都是达利生活中的一切。

或许会让人感到遗憾：据多数同时代人回忆，加拉性欲强烈，在她的整个一生中有过多次婚外情，包括和她的前夫保罗·艾吕雅。她尤其喜欢年轻的艺术家，常给他们赠送昂贵的礼物，如在70年代，她已有六十多岁，还爱上了著名摇滚歌手杰弗里·芬霍特，送给他多幅达利的画作，还送他十万美元。有观淫癖的达利不但默许，有时甚至怂恿。

在达利的心目中，加拉始终是他唯一的缪斯，时时从她那里获得创作的灵感。达利的很多绘画和雕塑作品都是以加拉为模特。达利大量的绘画作品都表现自己对加拉的最高的爱，《加拉的天使》《加拉琳娜》《加拉和维纳斯的诞生》《原子勒达》等，无不表明加拉是他的灵感源泉。在1944年创作的《加拉琳娜》中，加拉脸孔表情严肃，正面对画家。达利画她裸露的乳房，是象征面包和他赖以创作的灵感之源。另一幅1949年的《原子勒达》也极有意思。勒达是希腊神话中埃托利亚国王忒斯提俄斯的女儿，斯巴达王廷达瑞斯的妻子。众神之王宙斯化作天鹅来接近她，生下双生子波鲁克斯和海伦，两个都是从蛋中出生。古希腊和文艺复兴时期的艺术家都特别热衷于这个题材，如达·芬奇和柯勒乔的《勒达》，都是知名之作。《原子勒达》里的勒达就是加拉的正面像，她所坐的底座的左侧就是宙斯——达利的化身天鹅。达利在《荣福童贞玛利亚》和《里加特港的圣母》等画中还把加拉当作圣人来描绘。

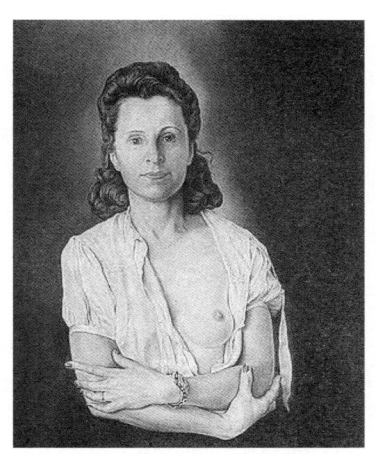

达利表现加拉的作品：《加拉琳娜》

达利表现加拉的作品：《原子勒达》

达利表现加拉的作品:《里加特港的圣母》

里加特港是达利和加拉1948年起在西班牙的住地,在《里加特港的圣母》中,正中坐的圣母玛利亚就是加拉,膝盖上的是圣婴耶稣,这圣母便是加拉为他摆姿势做模特画出的。直到1978年,加拉已经七十多岁,达利还把她表现为是美丽的维纳斯。总之在达利的心目中,加拉就是海伦,就是天使,就是维纳斯,就是勒达,是他的最爱和最神圣的人。

加拉——叶琳娜·嘉科诺娃于1982年6月10日死于心肌衰弱。但达利始终对她念念不忘,充满感激之心。后来,达利对自己的艺术前景有了进一步的认识,感到必须让他的超现实主义和传统的艺术结合起来,否则他的超现实主义就没有价值。但他对这一转变又缺乏信心。他说,有赖于加拉,因为她说服他相信自己,而"不要在我微小的成功中停滞不前"。于是他就决心"为着意义重大的事情去奋斗。第一件事就是把我生活的体验古典化,赋予它一种形式,一种天体演化论,一种综合,一种永恒的建筑"……无疑,达利的成功中有他缪斯的一份努力。

13 马蒂斯的丽季雅

一个裸体女子,长期在一位男性艺术家的创作室做模特儿,每天,两人朝夕相处,关系越来越接近,越来越亲密,随后就发生了性关系,同时也激发了艺术家的创作灵感,这样的事发生过千百次。但是昂利·马蒂斯不一样。马蒂斯不像他同时代的某些猎艳艺术家,他一般都放弃与模特儿的性关系,和她们主要只保持柏拉图式的感情。自然,这并不是说马蒂斯是一个非同凡人的天使,也不是说他跟这些漂亮的女子一起时完全没有性冲动,只是因为他不特别好色,他只是比人们所知的那些艺术家更会自我控制。可是这仍然不能使马蒂斯夫人放心,她觉得她丈夫和丽季雅·捷列克托尔斯卡雅之间的亲密关系仍然是对她的严重威胁。

漂亮的俄罗斯少女丽季雅·尼古拉耶夫娜·捷列克托尔斯卡雅(Лидия Николаевна Делекторская,1910—1998)生于西伯利亚西部

漂亮的丽季雅

的托木斯克。父亲尼古拉·伊万诺维奇·捷列克托尔斯基是一位受人尊敬的医生，有稳定可靠的经济收入。所以看起来这应该是一个理想的家庭，至少生活上没什么可担忧的，尤其丽季雅作为父母的独生女儿，更应得到特别的宠爱。谁知如一篇介绍丽季雅的传略中说的，"人算不如天算"。虽然在"十月革命"和国内战争中，他们一家都没有人遭到过流血牺牲，可是在20世纪20年代初，西伯利亚伤寒、霍乱、瘟疫流行，居民一批批死亡。尼古拉·伊万诺维奇在医治病人时，自己也因染上伤寒而殉职，母亲维拉·巴甫洛夫娜则死于霍乱。于是丽季雅在1922年便成为一个孤儿。母亲的姐姐安东尼娅·亚列山大洛夫娜收养了她。1923年，安东尼娅姨妈和她丈夫带着孩子，乘乱全家逃离革命后的俄国，移居满洲里。在那里，他们虽然生计维艰，仍设法让丽季雅在哈尔滨一个镇上的中学学习俄语，接受以"责任和胆识"为宗旨的传统价值观教育。1928年，中国和日本发生争端，满洲里当局强迫他们离开，于是他们又移民到了法国，并在法国度过他们的一生。

像丽季雅·捷列克托尔斯卡雅这样一个不会说法语的俄罗斯移民，到了巴黎之后，要想在这个世界花都立足，可想而知是非常不易的。她曾有过一个美好的理想，希望将来做一名医生，可是由于付不起上学费用，只好放弃学医的念头。十九岁那年，丽季雅嫁给了年纪比她大得多的俄国流亡者鲍里斯·奥梅尔琴柯。不用说，这桩婚姻是不幸的,一年后,丽季雅离开了他,找了另一个俄罗斯人,被迫陷入感情的游戏。

现在这个年轻女子二十二岁了,她没有家,虽然怀有思乡的情绪,也不敢回这个听说是革命后专制的俄国;她身无分文,又不懂法语,尽管对法国一无所知,也只有孤身四处投奔。最后,命运或是机遇把她带到了尼斯,带到画家马蒂斯跟前。

法国野兽派运动的领袖昂利·马蒂斯(1869—1954)是一位油画家、雕刻家和版画家,以使用鲜明大胆的色彩而著名,与毕加索一起被视为20世纪法国画派两位最重要的艺术家。

马蒂斯最初学的是法律,后在患阑尾炎期间尝试作画,发现绘画创作"有如在天堂里"的感觉。于是就从1891年起,进朱利安学院学习绘画,成为威廉·布格罗和古斯塔夫·莫罗的学生。在学习绘画期间,他同时还深受尼古拉斯·普桑、安托宁·华托、让·卡尔丹、爱德华·马奈与印象派画家塞尚、高更、梵·高和希涅克的影响;另外又在雕塑家罗丹和日本艺术中获得了滋养,在作品中将色彩的作用发挥到极致;从1899年到1905年间,他多采用他的同胞保罗·西涅克的点彩技巧。

马蒂斯1904年在昂

马蒂斯　1913年

布鲁瓦兹·沃拉尔的画廊首次展出他的作品,但是未能成功。1905年去南方和安德烈·德兰一起工作,并在"蓝色海岸"——法国南部地中海海岸线一带——待过一段时间之后,更喜爱上了明亮的、富有表现力的色彩,进而成为现在称为"野兽派"的一群艺术家的领袖。1906年后,野兽派运动逐渐衰落,但马蒂斯仍旧依从自己的风格,两年里创作出许多优秀作品。1908年,他发表了阐明他创作理念和美学观点的《画家的札记》,声称:"我所梦想的艺术,充满着平衡、纯洁、静穆,没有令人不安、引人注目的题材。一种艺术,对每个精神劳动者,像对艺术家一样,是一种平息的手段,一种精神慰藉的手段,熨平他的心灵。对于他,意味着从日常辛劳和工作中求得宁静。"他毕生的作品,无不贯彻这种精神。

马蒂斯非常喜欢南方气候温和的尼斯,从1914年起的四年里,他都是在巴黎、尼斯和最南边景色优美的科里瓦尔度过的。20年代中期及以后的更多时间他都在尼斯,甚至1954年11月3日因心脏病发作而去世也是在尼斯。他大量的作品都是在尼斯完成的。

像别的艺术家一样,在历年的创作中,马蒂斯先后聘用过多个模特儿。

马蒂斯的第一个模特儿艾美利·帕雷尔是一个来自法属科西嘉岛的女子,于1898年1月与马蒂斯结婚。艾美利为马蒂斯20世纪初期的油画创作摆姿势,马蒂斯的《戴帽子的女子》和《马蒂斯夫人像》,是这个时期的代表性作品。

几年后,马蒂斯雇了职业模特儿露露·布缇。1909年,她和马蒂斯一家在地中海一个偏僻的渔村过了整整一个夏天。马蒂斯全家都很喜欢她,她陪同他们的女儿玛格丽特、儿子比埃尔和让一起玩,并常陪伴艾美利,还向马蒂斯学习游泳和绘画。露露是一个典型的巴黎女

马蒂斯在工作室

子,显得有点粗野。她有黑色的头发、猫咪一样的脸、柔软的躯体、被夏日强烈的阳光晒黑了的皮肤,以至马蒂斯的学生们给她取了个外号,叫"意大利落日"。

后来,马蒂斯又聘了一个只知道叫洛雷特而不知其姓的意大利女子。洛雷特受过模特儿的职业训练,此前曾为别的艺术家做过模特儿。洛雷特原来是一个面黄肌瘦的天真女孩,如今,在三十岁上下时为四十七岁的马蒂斯做模特儿,穿上豪华的服饰,一副放纵的模样。马蒂斯以她为原型画西班牙荡妇,画土耳其后宫的女性,画巴黎妓女。仅在1918年马蒂斯从巴黎搬到尼斯一家旅馆的十二个月里,他就差不多有五十件作品是以洛雷特为模特儿的。

随后是身材苗条、皮肤白皙,天生一副法国式优雅的安托瓦内特·阿尔努。但是1921年,安托瓦内特·阿尔努怀孕了,辞去了这一工作。马蒂斯另找了原来就职于尼斯一家电影制片厂的二十岁的亨利埃特·达里卡里埃来替代。亨利埃特是舞蹈家,还是一名演员,又受过小提琴训练，本是一个很理想的模特儿，可是时间不长，亨利埃特就因为要去结婚，离开了马蒂斯。而这时，美国著名的美术品收藏家巴恩斯找到马蒂斯，要他为他装饰他的美术大厦，马蒂斯答应了，但是没有一个模特儿。不难设想，他是无法完成这项任务的。

艾伯特·库姆斯·巴恩斯（1872—1951）具有医学博士学位，朋友一般都叫他巴恩斯博士。巴恩斯博士因为发明了防腐剂弱蛋白银发了财，成为一名巨富，1905年在费城郊外的梅里翁建造起一座大厦，开始收藏画作，并设立巴恩斯基金美术馆。几年来，他收藏了雷诺阿的作品一百幅，马蒂斯的作品六十幅，塞尚的作品五十九幅，毕加索的作品三十五幅，其他美术珍品一千余件。

1932年秋，马蒂斯在他尼斯的工作室为巴恩斯在梅里翁的美术馆创作壁画《舞蹈》。这年，马蒂斯已经六十三岁了，他觉得自己已经很难应付许多日常事务，急需找一个助手。正好这时，离婚后不得不重新安排生活的丽季雅·捷列克托尔斯卡雅于1932年10月离开巴黎来到尼斯。她听说尼斯有很多俄国人，希望在这里可以找到合适的工作来谋生。但是当时法律的排外性只允许移民从事临时的和低贱的工作，像她这样的一个俄罗斯女子，可干的就只有电影厂的编外工、儿童保育员和其他没有正式合同的工作。于是，她就先是给几位艺术家做模特儿。这种脱衣服的活儿在当时被认为是最低贱的，不过丽季雅不这样认为。她喜欢这一工作，虽然是临时的。她只是讨厌有些艺术家的轻浮。就是这让她厌恶的轻浮，使她不得不换过几个主顾，最后找到了马蒂斯，为他所雇用。

六个月后，壁画《舞蹈》完成了，丽季雅也走了。马蒂斯又得设法重找一个助手。一天，丽季雅突然又来到他家。丽季雅也不是不经思考就轻率地回来的。在此前半年的相处中，马蒂斯慈祥而极有教养的举止，让丽季雅觉得好像是对她早年流浪漂泊生活的一种补偿。此前在她单独的艰难行程中，她遇到过多个不友善又不可信的人，但是在与马蒂斯的相伴中，她看到了慰藉，看到了恩惠。

丽季雅主动向马蒂斯提出，要求来照顾他那大部分时间卧病在床的夫人。开始，她是像护士那样每天来"护理"她，到晚上再回她自己的家。后来，她同意"在他们家吃住"，每月结算一次工资。从1933年10月，直到大师去世的差不多二十二年时间里，她都在马蒂斯身边。

当马蒂斯第一次在尼斯这个法国东南滨海的港口城市见到丽季雅·捷列克托尔斯卡雅时，他觉得，这个俄罗斯姑娘当时是一无所有，除了她的机智、她的傲慢和她坚定不移的意志，当然，还得加上她的美貌。

在此之前，绅士风度的马蒂斯好像完全没有注意到他这个护

马蒂斯和丽季雅在尼斯
1927年—1928年

丽季雅为马蒂斯摆姿势

士兼管家的美貌。是在有一天，马蒂斯像往常那样要给他的妻子倒茶，但是还没来得及倒，便发现丽季雅已经给她倒好了。这时，马蒂斯才看清丽季雅这个西伯利亚金发女子有一双蔚蓝的眼睛，明显不同于他以前雇用的几个黑眼睛、黑头发、橄榄色皮肤的南方地中海型的模特儿。他觉得她简直是一个"冰凌美人"。

从此，每天早上在为马蒂斯夫人忙碌过一阵子之后，画家就让丽季雅进他的工作室，因为创作需要有个"样板"。看到丽季雅·捷列克托尔斯卡雅两臂搁在椅子上或者椅背上，头倚在手臂上，一副优雅的模样，马蒂斯就觉得真是一个十分理想的模特儿。于是，马蒂斯就让丽季雅为他摆姿势。这年丽季雅二十五岁，马蒂斯六十五岁。

马蒂斯最初画丽季雅的油画，如1935年的《玫瑰色的裸体》，凭借他完美的技艺和本能的直觉，以他所谓"最基本的线条"，创造出平面的女性美的象征。为马蒂斯创作这幅作品，丽季雅作为模特儿摆姿势花去六个多月的时间。马蒂斯的儿子比埃尔对他父亲说，《玫瑰色的裸体》标志着他作为画家精神上的升华。

这年秋天，丽季雅为马蒂斯摆姿势，马蒂斯画的是一个正被半人半兽萨堤尔追求的仙女。在创作和二人相处的过程中，丽季雅体会到马蒂斯"知道如何温文尔雅令人着迷。他那么富有魅力，又是那么令人感动。他懂得如何支配我"。

随着时间的过去，丽季雅更感受到马蒂斯是一个仁慈而又温柔的老绅士，不像她之前遇到的几个艺术家，要来摸摸她，还要扒她的衣服，使她厌恶做一个模特儿。而马蒂斯从来没有过这种出轨的动作。"渐渐地"，捷列克托尔斯卡雅写道，"我开始感到适应，而不觉得'拘束'了……最后，我甚至对为他工作产生了兴趣"。在感情的交融中，马蒂斯也说：他最终也像认识字母表似的，从心底里认识她的脸和她的身体。他们共同建立的合作关系让丽季雅重新感觉到自身的力量和价值。

不管丽季雅·捷列克托尔斯卡雅如何坚持说她和马蒂斯的关系纯粹是柏拉图式的，马蒂斯夫人依然非常嫉妒。常常是，与另外一个人的亲密关系，即使完全是职业上的或是感情上的亲密，也往往比性关系更让配偶产生嫉妒。马蒂斯和艾美利·帕雷尔的婚姻受到严峻的考验。艾美利发出最后通牒："要我还是要她？"马蒂斯选择了妻子，而不是丽季雅。也许有人会认为，这样问题就解决了吧？但是没有。马蒂斯夫人还是不能忘怀马蒂斯对她感情的背叛。1939年初，艾美利·帕雷尔离开了与她维持了长达四十一年婚姻生活的丈夫。

丽季雅又回到她作为马蒂斯工作室助理的角色。第二次世界大战开始后，德国法西斯入侵法国。见人们纷纷逃离，他们虽然感到陷入极大的危机之中，但如丽季雅所说："还是做出决定，不论怎样，他都要我和他在一起。"随后，马蒂斯为丽季雅戴上旅行帽，一起穿过遭受严重战争创伤的法国，开始他们的长途旅行。二人经历了大战和法西斯的政治动乱，建立了更为密切的伴侣关系。丽季雅既是马蒂斯的助手，又是他的管家、他的模特儿、他的秘书。她对画家的护理和协助，以及她对马蒂斯的爱，在马蒂斯的余生，支持了他的艺术创作，使他得以保持他的生命活力的同时，感到极大的安慰。特别需要提到

马蒂斯夫人画像

的是，1941年，马蒂斯被诊断出患有癌症，经过两次大手术之后，他开始坐轮椅，并只能在轮椅上创作；直到1954年11月3日因心脏病发作去世，大师都由丽季雅一人护理和照料。马蒂斯本人是不关心政治的，他更不参加活动，可是多年来，他的孩子和妻子都不在他身边：大儿子比埃尔战前就已去美

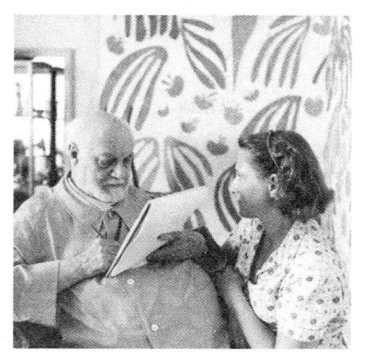

丽季雅和马蒂斯

国，小儿子让是雕塑家，长居巴黎近郊，都离他很远。尤其他的女儿玛格丽特，因参加对德的"抵抗运动"而被捕，遭到拷打，关进德国的雷文斯布鲁克集中营。他妻子因私自印刷地下报纸，也被捕并关入法国东北部的特鲁瓦监狱。在这极其痛苦的时光里，也只有丽季雅一人在他身边，以她的温柔和体贴，给了马蒂斯生活的勇气和信心。

当然，对马蒂斯来说，从1932年六十三岁那年见到这个异常美丽的少女开始，差不多二十二年里，很自然地，老人是希望这个有一头金发、一张漂亮脸孔和一对明亮蓝眼睛的俄罗斯女子随时都在他的身边，也经常出现在他的画中。同样很自然地，老人也爱上了这个冰莹女子。专家相信，从他创作的丽季雅的肖像画可以判断，他们是幸福的，虽然因为他对她的爱，他的家庭关系非常紧张，但这并不影响他的幸福感。

除此之外，作为一个艺术家，马蒂斯还从丽季雅那里不断获得创作的灵感。

马蒂斯每年都要送给丽季雅两幅原创素描，一幅是在新年，一幅是在她的生日。这不仅仅是给一个模特儿的，更是给一个赋予他创作

灵感的妩媚而真诚的女子的礼品。从1935年开始，丽季雅差不多每天都为他作画摆姿势，到1939年夏天为止，丽季雅一直是马蒂斯唯一的一个模特儿，是他油画、水彩、版画和书籍插图的取之不尽的灵感来源。马蒂斯以她为模特儿，至少画出了九十幅油画，一百多幅素描以及数不清的速写画，每幅都饱含情感。

真名叫雷蒙德－安托万－玛丽－埃玛纽尔·埃斯科拉的著名法国艺术批评家雷蒙德·埃斯科利尔（1882—1971）曾这样评价丽季雅·捷列克托尔斯卡雅对马蒂斯艺术创作的作用："大师的伟大灵感受惠于丽季雅·捷列克托尔斯卡雅优雅的体型，她的美和她的表情，还有她的才智和心灵。"他说得很对。有几幅用写实手法描绘的丽季雅的人像，尽显这个北国女子的冰莹之美。1947年的《丽季雅·捷列克托尔斯卡雅》则是另一种特色。有艺术评论家指出，在这里我们看不到迷人的青春的

马蒂斯画的丽季雅肖像

妩媚和温柔。画上坚硬的线条将人物的脸分成黄和蓝两个平面，使形象具有某种神秘感。脸的明亮的一边和蓝色的神秘的一边就像光和影，是人灵魂中两种永存的对立面。这两种色彩的组合产生出浓密的绿色头发，在女人的头上形成一袭非同寻常的皇冠。色彩的运用在对比性和装饰性上都极具表现力，意味深长。艺术家以简朴的手法将他一生最后几年如此让他着迷的模特儿那不平凡的本性表现出来了。另外，美国布鲁克林艺术学院和纽约城市大学学位中心教授杰克·弗拉姆指出："马蒂斯画丽季雅的素描，以高超的技巧和强烈的感官体验而称著。"他举他的《艺术家和模特儿》（1935）为例，说在这幅作品中，丽季雅斜躺在床上的时候，"我们看到，马蒂斯的手正在画素描，笔端带着奇特的性意识在描绘她的形象。在马蒂斯的画上，丽季雅也在微笑，明显有一种少有的满足表情"。

丽季雅确实带给大师极大的愉悦。马蒂斯本人就曾坦率地承认："每当我烦闷的时候，我就画丽季雅夫人的像。"有人也猜测：就是因为有丽季雅在他身边，作为一个男人和一位艺术家的马蒂斯才能继续生活下去。

所有这些，都不由让人产生一个疑问，即丽季雅·捷列克托尔斯卡雅是昂利·马蒂斯的妻子吗？丽季雅在一封信里回答说："你想知道我是不是马蒂斯的妻子。我回答：不是，也是。从物质上、生理上的意义讲，'不是'。但从精神上讲，可以说远超过'是'。因为二十年里，他眼中的光，对我来说，是我生活中唯一有意义的。"

丽季雅·捷列克托尔斯卡雅也以真诚的心回报马蒂斯的情感。她不但真心地陪伴大师这么多年，就在他去世的前一天，她也来到他的床前，为他梳洗因受伤而包扎起来的头发。大师则用圆珠笔为她画了最后一幅素描。马蒂斯去世后，她立即收拾行李离开他家。她没有参加

丽季雅在画画

他的葬礼，但她将大师的作品和著作整理起来出版，并去往俄国，将一些作品捐赠给埃尔米塔什博物馆和普希金美术馆。她说："我发现，不论哪个政体或者政府领导人，都不及人民喜爱马蒂斯的作品。我觉得，真的要让他们一代代地分享这些瑰宝，不要等到它消亡。"

从这方面看，大概没有一个艺术家的模特儿能比得上丽季雅·捷列克托尔斯卡雅，她对艺术史做出了如此大的贡献。

14

莫迪里阿尼的安娜和珍妮

浪漫诗人和艺术家在意的往往不是活个长寿,而是有一段美好的爱情。英国几位著名浪漫主义诗人乔治·拜伦(1788—1824)、波西·比希·雪莱(1792—1822)、约翰·济慈(1796—1821),都只活到二三十岁,拜伦留下了一句著名的自白。一次,他对一位朋友说,他希望早早死于肺结核,"因为(那时)夫人们都会说:'瞧那个可怜的拜伦,死的时候都那么迷人!'"因为肺结核病人终日低热,脸颊上总是有淡淡的红色。像拜伦、济慈一样,意大利艺术家阿梅迪奥·莫迪里阿尼(Amedeo Modigliani,1884—1920)也患有肺结核,也只活到三十六岁,而且一生穷困潦倒。但是他以他的才华,不但赢得秀美的天才女诗人的情感,且有异常美艳的女艺术家为他而殉情。他大概也应是死而无憾了吧,虽然艺术史将深感惋惜。

莫迪里阿尼生于意大利海滨城市里窝那的一个犹太商人家庭,母

莫迪里阿尼自画像

亲的祖上都是颇有学问的知识分子，父亲原是一个成功的企业家，但不幸于1883年破产。莫迪里阿尼是他们的第四个孩子，出生时正值父亲的商业王国遭遇灾难性的崩溃。本来，破产会让他们一无所有，但是根据一项古老的犹太法律，债权人不得掠走孕妇或初生儿母亲床上的物件，这才使家人有意藏匿在床头的最有价值的资产保存了下来。

莫迪里阿尼和他母亲关系密切，直到十岁，他都由母亲教育。从十一岁患胸膜炎之后，健康问题就始终困扰着他。几年之后，他的伤寒发作。十六岁，肺结核发作，病倒了。

莫迪里阿尼天性喜爱艺术，主要是绘画。他没有正式学过绘画，但从小时候乱涂乱画起，他便认定自己"已经是一个画家"了。对绘画的爱，使他第二次胸膜炎复发，发高烧的时候，不断谵语，说他最想要看的是佛罗伦萨皮蒂宫和乌菲齐美术馆里的名画。于是，病一康复,母亲就带他外出旅游,去了南方的那不勒斯、卡普里和罗马,然后再去北方的佛罗伦萨、威尼斯,观摩那些地方的建筑、雕刻和绘画作品。母亲是要通过多种方式培养儿子的艺术才能,使他能将艺术作为他毕生追求的使命。在儿子十一岁那年,她曾在日记中这样写道:"孩子的性格尚未定型,我说不上来他将来会怎么样。他显得像一个被溺爱的孩子,但他不乏才智。我们只好等着,瞧在这个蛹壳里面的会是什么。或许是一个艺术家。"

于是,母亲就照着这个方向,希望培养他成为一个艺术家。1898年他十五岁时,母亲开始让他正式学画,为他注册进了里窝那绘画大师古列尔莫·米歇尔的艺术学校。1902年他进入佛罗伦萨一个或叫"免费裸体绘画学校"的美术学院学习,随后又去了威尼斯,一直留至1906年冬去了巴黎。

莫迪里阿尼早期赏识的是意大利文艺复兴时期的绘画,尤其是意大利锡耶纳城的几位画家的作品,这趣味一直持续了一生。到巴黎后,他开始对保罗·塞尚的后印象派画作感兴趣。他最初主要接触的是法国诗人安德烈·萨尔蒙和马克斯·雅各布,还有画家巴勃罗·毕加索。一年后,认识了保罗·亚历山大。亚历山大是一位大夫,在巴黎购置了一座房子,他有很多先锋派艺术家朋友,这些贫困的艺术家都常去他那儿。他是最早认识莫迪里阿尼画作的价值、最早购买他的作品的人。莫迪里阿尼的画也都存放在他那里。也是他,在1908年说服莫迪里阿尼,让他的五或六幅画作在"独立沙龙"展出。1909年,莫迪里阿尼见到罗马尼亚的康斯坦丁·布朗库西。布朗库西是一位很有成就的雕刻家,他建议莫迪里阿尼学习非洲的雕刻作品,从中获取启示。莫迪里阿尼接受了他的意见,并在自己的雕刻作品中进行创造性的实验。他1912年在"秋季沙龙"上展出的八具石雕头像,形体的伸长和简化，反映出他受非洲雕刻的影响。大约1915年，他又回到绘画上，但是作为一个雕刻家的体验，对他的绘画风格起到了根本性的作用。他雕刻的人物头像，有修长的颈项和鼻子、简化的形体和长卵形的脸，这些都成为他画作的特征。

莫迪里阿尼来到巴黎后，在科兰古路租下一个工作室，从事素描、雕刻和肖像画创作。他不是职业艺术家，他一般只为朋友、艺术界人士画像，如毕加索、雅各布、让·科克托，或者为邻居、仆人和模特儿画，不取酬劳，所以生活一直贫困。他一般都是在一个陌生人面前坐下，从衣袋里取出画板和铅笔，不征求对方意见，花三分钟画出一幅肖像，签上自己的名字，郑重其事地递给主人："送给你，请我喝一杯苦艾酒作为交换。"他每天都这样来解决吃喝问题。

1914年第一次世界大战爆发，亚历山大和另外几个朋友都上前线去了。莫迪里阿尼也要求上前线，但当局拒绝了他的要求。于是，他的画没有人买了，只有在法国艺术经销商保罗·纪尧姆，尤其是波兰诗人利奥波德·兹波洛夫斯基的帮助下，才卖出有限的几幅。贫困加重了他病情的恶化。就在他最需要得到安慰的时候，他的女友贝阿特丽丝·哈斯丁斯离他而去。

贝阿特丽丝·哈斯丁斯是英国作家和批评家艾米丽·爱丽丝·黑格（1879—1943）的笔名，她生于伦敦，在南非长大，战前移居巴黎，写过几本书。因为是马克斯·雅各布的朋友，便成为巴黎文艺圈中的一员。

贝阿特丽丝·哈斯丁斯是一个十分漂亮的女子，她拥有洁白的皮肤、绿色的眼睛，时常穿一身黑色的连衣裙，热情而又富有文化知识。但这个人对感情非常轻率。她是双性恋者，曾和英国社会思想家、基特尔社会主义的刊物《新时代》唯一的编辑阿尔弗雷德·理查德·奥雷奇一起生活，以不同的化名在《新时代》上发表文章。她同时又是新西兰女作家凯瑟琳·曼斯菲尔德和英国女画家珀西·温德姆·刘易斯的同性恋人。

二十六岁的莫迪里阿尼是一个标准的意大利美男子。他面色苍白，脸刮得光光的，眼睛温柔多情，态度文质彬彬，即使穿一身破衣服，也像是一个王子，女人们总是盯着他瞧。可以说，没有一个女人见到他后会不喜欢他的。

1914年至1916年间，贝阿特丽丝·哈斯丁斯和莫迪里阿尼合住在蒙帕纳斯的一个公寓套房，在莫迪里阿尼创作的时候，贝阿特丽丝·哈斯丁斯做他的模特儿，两人产生奇特的恋情。两年里，莫迪里阿尼虽然也从贝阿特丽丝·哈斯丁斯的身上获得过灵感，为她创作出多幅画像，但同时，他也经常因与她的感情缠绕和纠葛而烦

莫迪里阿尼画的贝阿特丽丝·哈斯丁斯

莫迪里阿尼

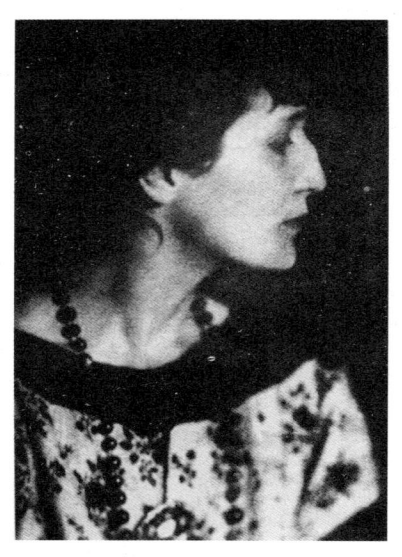

阿赫玛托娃

恼。两人交恶之后，贝阿特丽丝·哈斯丁斯完全不顾应有的修养，竟公然谩骂莫迪里阿尼是"一个复合人物。一头猪猡和一颗珍珠"。贝阿特丽丝·哈斯丁斯的这种态度，让真心对待莫迪里阿尼的阿赫玛托娃异常气愤。

安娜·安德烈耶芙娜·阿赫玛托娃（1889—1966）是一位伟大的诗人，和"俄罗斯诗歌的太阳"普希金相对应，她被称为是"俄罗斯诗歌的月亮"。

缪斯原是希腊—罗马宗教和神话中的九位女神或是其中的某一位，她们有的司掌诗歌，有的司掌戏剧，有的司掌舞蹈，等等。如今称某女性为"缪斯"，是指她会激发某个文学艺术家的创作灵感，她本身未必有什么文学艺术的创造。如今，大概极少有像阿赫玛托娃那样的女子，能真正称得上是一位名副其实的"缪斯"。

阿赫玛托娃确实是一个"非同寻常"的奇特女子。她不是人们常见的普通女子，而完全像一位女神，读过她的传记后，甚至令人怀疑她是在十岁那年因病昏迷得几乎死去的那个星期里司掌情诗的埃拉托缪斯投胎转世来的。

事实上她也有不少令人联想到缪斯的传奇性故事。

有人相信阿赫玛托娃有四分之一的希腊血统，认为只要从她笔挺且稍显隆起的鼻梁上就可以获得佐证。如果这多少带有一点猜测的成分，那么，阿赫玛托娃自己也曾声称，根据她祖辈传下的说法，她外祖母安娜·叶戈洛芙娜·莫托维洛娃（1817—1863）的母亲是成吉思汗的后裔鞑靼的阿赫玛托娃公主，则应该是比较可信的，她本人就以这个"阿赫玛托娃"作为她的姓氏。

另外，阿赫玛托娃是如此神异，从小就能"感觉到水"；而且对她来说，"'风的声音'远比人类语言明白晓畅"。她还相信月亮对她产生过影响，甚至觉得自己具有看到他人的梦境和预言未来的特异能力……这种天生的，或者说是缪斯赋予她的敏感性，使她十一岁时已经写出很好的诗，且在她写下第一行诗时，"所有的人都确信她将来一定会成为一个诗人"。她自己还坚信，真的曾有缪斯拜访过她。在她写于1913年的一首诗中，她回忆有一位"身材苗条"的缪斯和她交谈，"她的话语／如树梢低语，如细沙窸窣，／或如风笛银铃般的声音／在远处歌唱分离的黄昏"；说是"她（缪斯）把美妙的话语放入／我记忆的宝库"。（蒋勇敏等译）

阿赫玛托娃原来姓戈连科。她身材高挑，通常穿一件紧身的黑色连衣裙，肩上搭一块披肩，佩一条黑色的玛瑙项链；她秀美的长相，特别是她那略显苍白的希腊式脸庞，犹如古希腊艺术中的女神。认识阿赫玛托娃的俄国诗人和批评家格利戈里·阿达莫维奇说："今天人们回忆起阿赫玛托娃时，都常说她很漂亮。她不是漂亮，她是比漂亮还要漂亮……"另一位和她同时代的诗人、评论家尼古拉·涅多布罗沃甚至认为："不能用简单的'漂亮'二字来形容她，她的外表非同寻常……"

1910年，阿赫玛托娃刚与诗人——"白银时代"阿克梅派诗歌团体的主要创始人尼古拉·斯捷潘诺维奇·古米廖夫结婚不久，在新婚丈夫的陪同下，去巴黎和意大利北部旅行度蜜月。巴黎人习惯于公开表达对美的钦慕,虽然大多是礼节性的。阿赫玛托娃苗条的身材、优雅的风度和希腊人的脸型,时时处处吸引着他们的目光,让他们称赞不已。古米廖夫爱他的妻子,尽管这爱有些彷徨不定,但一般也理解别人的爱美之心。但是有一个人使他产生强烈的妒忌,甚至在与阿赫玛托娃感情破裂之后还与他发生过一次冲突。那人就是莫迪里阿尼。

莫迪里阿尼是怎么认识阿赫玛托娃的,这一直是研究者追寻的真相,多数人认为,也许他们是通过俄罗斯诗人、作家、艺术家中间的某一个两人都熟悉的朋友介绍才认得的。但始终没有一个定论,只知道当时他们都住在同一座楼房。二十一岁的阿赫玛托娃,有高挑的身材、长长的脖颈、白皙的皮肤和灰蓝色的眼睛,研究者认为,体现了莫迪里阿尼的美学思想和美学追求,自然引起了这个二十六岁男子的注意。半个世纪后,阿赫玛托娃在回忆录中也只说,她是在1910年春遇见阿梅迪奥·莫迪里阿尼的,没有谈具体的细节。不过她提到,说在她回圣彼得堡之后,1910年冬和1911年春,他都一直在给她写信,见面却很少。据研究,他们两人互相通信差不多有一年时间。信中不少句子,这么多年后她都还记得,尤其是其中的一句:"Vous êtes en moi comme une hantise."(你让我着迷。)而在阿赫玛托娃的眼里,莫迪里阿尼的像"安提诺乌斯(Antinous,古罗马哈德良皇帝的娈童)的脑袋和闪烁着金色火花的眼睛——与世人全无相似之处"。法国哲学家德尼·狄德罗认为,闪烁着火花的眼睛也放射着天才之光。尽管莫迪里阿尼当时终日在穷困和饥饿中度过,可阿赫玛托娃"坚信这样一个人一定会熠熠发光",所以无疑也会像她让他迷恋一样地使她对他迷恋。女诗人甚至认为,如她后来所回忆的,那时,他们两人之间"一件非常重要的事已经发生",虽然当时她还没有意识到;她把这看作是"一段我们一生的史前史"(a pre-history of our lives),即使时间"很短,在我则很长",让她永世难忘。

爱情是阿赫玛托娃诗歌创作的主旋律之一。阿赫玛托娃的诗,很大成分上都是在表达她本人的情感经历。遗憾的是女诗人说,"莫迪里阿尼很抱歉他读不懂我的诗",不懂她用俄语写的抒情诗中,有哪些表现了她让他着迷,又有哪些表现了他让她着迷。

爱情在默默地滋长。1911年5月,阿赫玛托娃再次来巴黎旅游,虽然古米廖夫去非洲已经回来,她还是撇开了他,有意单独一人来巴黎。她去见了莫迪里阿尼。当时莫迪里阿尼只一心沉浸在他的石雕中,对埃及入了迷。他领阿赫玛托娃去参观卢浮宫中的古埃及藏品,他说服女诗人,别的都算不了什么,致使阿赫玛托娃感到,"在庄严宏伟的埃及艺术面前,他似乎有敬畏之感"。只有他心中的美学追求在现实的艺术作品中获得实现,才会产生这样的敬畏之感。

在这次的巴黎之行中,阿赫玛托娃和莫迪里阿尼有两个星期在一起。他们在卢森堡公园吃中饭;下雨了,因为穷,他们不坐需要付费的椅子,只好坐凳子,在黑色的伞下面躲雨。莫迪里阿尼小时候得到母亲的祖父伊索科·加尔松的教育,接触过一些哲理性的文学作品;后来在艺术创作和艺术研究中阅读了尼采、波德莱尔、魏尔兰、拉法格、马拉美、波德莱尔和诺贝尔文学奖获得者卡尔杜齐、法国诗人洛特雷亚蒙伯爵等人的作品。这几位诗人、作家,还有邓南遮以及超现实主义的作品,都是他所熟悉的,不少诗篇他还能背诵。现在,对诗乃至文学的共同热情,让他和女诗人兴致勃勃地一起谈论和背诵起他们的诗篇。莫迪里阿尼自己也在写诗,虽然没有和阿赫玛托娃说起。两人也喜欢月明之夜在巴黎的老区游荡,有时则是他一个人。"莫迪里阿尼喜欢在夜的巴黎游荡",阿赫玛托娃说,"常常,每当我听到他在梦一般宁静的街道上的脚步声时,我便走向窗台,透过软百叶追随

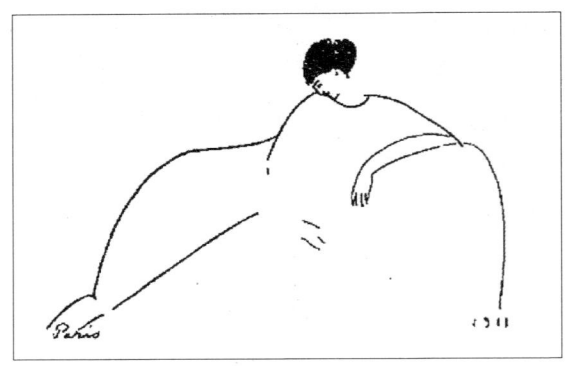

莫迪里阿尼画的阿赫玛托娃素描像之一

他的身影在我的窗下缓行"。

莫迪里阿尼和阿赫玛托娃两人间的最高热情,是阿赫玛托娃作为她的缪斯,激发他的灵感,让他为她画出十六幅铅笔素描像。

有些艺术史家将创作这些裸体画的日期定为1911年春,但是受到质疑,说是尽管阿赫玛托娃愿意向他敞开裸体,但这段时间,要让她与爱她的丈夫分离,投向另一个男人的怀抱,她会怀有负罪之感,似乎不大可信。但《黄昏》(1912)中的这几行诗,一方面表现了她这种不安情绪,同时不也可以看作是对莫迪里阿尼的爱的回报吗?

> 你我都欢快又沉醉
> 你的故事没有意义。
> 早秋已将面面黄旗
> 在榆树的梢头悬垂。
> 我俩已入欺骗之境,
> 咀嚼那苦涩的忏悔,

又为何要强装欢笑,
笑容是如此的怪异?
我们要穿透这苦痛,
来代替幸福的安谧……
我是不会背弃你的,
狂放又温柔的伴侣。

(作者试译)

阿赫玛托娃还曾带一束红玫瑰去看望莫迪里阿尼。只因他不在,且门又锁着,等了一会儿后,她便从开着的窗隙把花抛进室内。她定然是怀着深情,十分细心地投进去的,使画家难以置信地认为她曾进入室内,然后一支一支地摆放,才得以"将花束摆得如此美"。她对他的深情甚至使她嫉恨那些粗暴对待他的人。古米廖夫说他是"酒鬼"已经是对他的极大误解了,贝阿特丽丝·哈斯丁斯的诬陷,是作为情敌的她绝对无法容忍的。阿赫玛托娃愤怒地抨击说:"我在一篇美国人的文章中读到,说有一个叫贝阿特丽丝·哈斯丁斯的,曾对莫迪里阿尼产生很深的影响……我可以并认为有必要说明,他(莫迪里阿尼)在遇到贝阿特丽丝之前很久就已接受过良好的教育……而且我怀疑,一个把这位伟大画家说成是猪猡的女人,对别人会有什么启迪。"阿赫玛托娃说得没错。对于莫迪里阿尼的文化教养,博学的苏俄作家伊利亚·爱伦堡作证说:"他读书之多总是令我惊异不止。我似乎还没有见到过第二个像他这样喜爱诗歌的画家。无论但丁、维永、莱奥帕尔迪、波德莱尔还是兰波,他都要背诵。他的油画不是偶然的幻想——这是为画家所洞悉的一个由天真和智慧的特殊结合所构成的世界。"(冯南江等译)

阿赫玛托娃的《最后的相见》一诗显然也是献给这位伟大的意大利画家的：

无援中胸膛冰冷，
我脚步却很轻巧；
我竟给我的右手
戴上左手的手套。

无疑跨过多级阶梯，
但记得却只有三级！
枫树丛中秋日私语
请求："与我一起去死！

我受命运的欺骗，
悲惨、无常、可恶的命运。"
我回答："亲爱的，亲爱的！

我也是。要与你一起去死……"
我看那黑暗的楼房，
只有卧室里的烛火
闪烁着淡淡的黄光。

（作者试译）

莫迪里阿尼给人画像，不像别的画家那样写生，而是用一种纤细的笔触勾画出那人的特点。他就在自己家里画阿赫玛托娃的裸体像。

"在画我的头部时，"阿赫玛托娃说，"也总要饰上埃及女皇和舞女的珠宝首饰。"谁也不会可笑地认为受过正规艺术教育的莫迪里阿尼没有接受过解剖学的训练，因而连人的颈椎骨有多少都不知道，且错将模特儿的脖颈和身段画得过长。爱伦堡特别解释，说他曾评论莫迪里阿尼"天真"，可并不意味着在说他"幼稚"或是"天生的平庸"："我把天真理解为一种新颖的感受能力，一种直感，一种内在的纯洁。莫迪里阿尼所作的肖像画全都和模特儿惟妙惟肖，如……莫迪的妻子珍妮。"

是喜爱身材高挑、脖颈修长的美学追求，让莫迪里阿尼爱上了身材高挑、脖颈修长的阿赫玛托娃和古埃及的类似形象的女性。正如他的资助人——保罗·亚历山大大夫在他收藏的莫迪里阿尼作品于1993年以《不为人知的莫迪里阿尼》为题出版时，编者诺埃尔·亚历山大所说的："莫迪里阿尼为阿赫玛托娃的异乎寻常的美、她的高贵气质和优

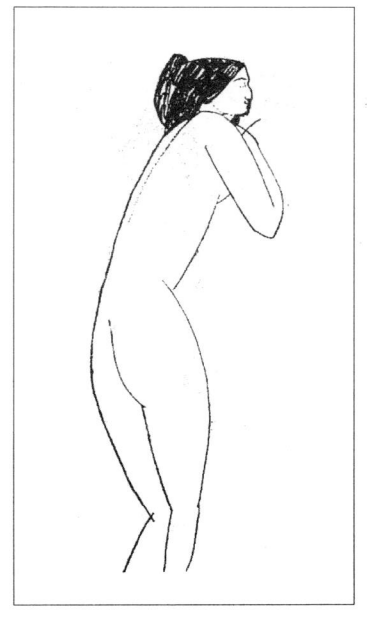

莫迪里阿尼画的阿赫玛托娃素描像之二

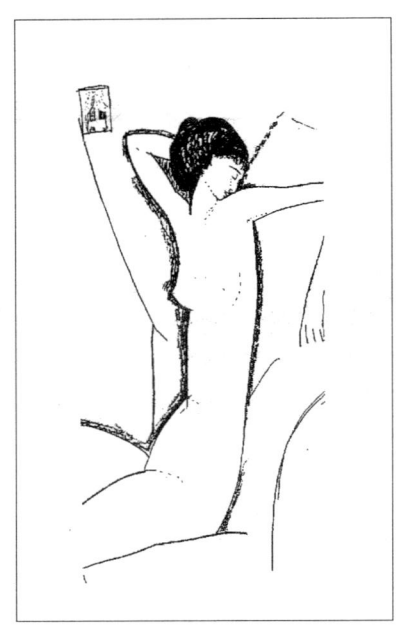

莫迪里阿尼画的阿赫玛托娃素描像之三

雅的仪态所迷恋,这也是他在古埃及女性的身上所看到的。于是在赋予她诗意的、神秘的天性的时候,他或许把她想象是一位埃及女皇。"

阿赫玛托娃非常珍惜莫迪里阿尼为她作的这些铅笔裸体素描,当然,这是出于对莫迪里阿尼的感情的珍惜。她一直把这些画带在身边,有几幅还被复印在几只她常用的书包和袋子上。可惜原作大多在苏联的国内战争中被毁,在《不为人知的莫迪里阿尼》一书中曾复制了三幅,而最广为人知的只有一幅。甚至在古米廖夫被处决、儿子遭监禁,官方批评家宣布她的诗是"资产阶级的和贵族的"、称她"半是修女,半是妓女",作品也被禁止出版,生活困难得连想找一份打杂工都不可得的日子里,在女诗人狭小的未加装饰的空荡荡的房间里,还挂着这一帧莫迪里阿尼为她画的铅笔素描像,时刻陪伴她孤独的心灵。

阿赫玛托娃回国后,由于世界大战、"十月革命"、布尔什维克取得政权,港口封锁,她再也无法去巴黎和莫迪里阿尼相见了。两人只有在异地相互思念。

1917年,命运让一位纯美的法国少女来到莫迪里阿尼的跟前。

170

珍妮·埃比特尔

珍妮·埃比特尔（Jeanne Hébuterne，1898—1920）生于巴黎的一个严格的罗马天主教家庭，父亲在巴黎著名的"精品百货"商店上班。珍妮的哥哥安德烈是一个稍有作为的艺术家，他将美丽的妹妹带进充满生机的蒙帕纳斯艺术圈。在这里，这位"温柔、羞怯、文静而又纤弱"的女子遇到几个当时还穷得挨饿的艺术家，并给在巴黎的日本画家藤田嗣治等艺术家做模特儿。但是，珍妮不满足于这种生活，怀着一腔对绘画的热忱，她投身艺术，选择进意大利雕刻家菲利普·科拉罗西创办的"科拉罗西艺术学校"学习。在这里，经常来此找模特儿的乌克兰女雕刻家查娜·奥尔洛娃，把珍妮介绍给莫迪里阿尼认识。她立刻与这位有着超凡魅力的艺术家深深相爱。但是莫迪里阿尼可是一个身无分文的艺术家；而且酗酒，吸食大麻，生活狂野，甚至有点颓废；而且又是一个比她大十五岁的犹太人。年轻的珍妮怎么办呢？或者屈服于家庭的意愿甚至压力，放弃这个她爱的男人；或者反抗她的家庭，与莫迪里阿尼在一起。珍妮选择了后者：与家庭决裂，完全真诚地与莫迪里阿尼相爱。他们住到了一起，但没有举行婚礼，1918年

莫迪里阿尼画的珍妮·埃比特尔

还生了一个女儿,也取名叫珍妮。

这一对非正式的夫妻互相从对方身上获得灵感,珍妮为莫迪里阿尼摆姿势,做模特儿,莫迪里阿尼由此创作出了二十多幅画像,画中的珍妮每幅都脖颈细长、身材瘦长,虽然生活中的珍妮是一个个子矮小、体格健美的女子。在这段时间,珍妮也抽出时间,投身于艺术,创作出几幅画作。

但是度过几年快乐幸福的生活之后,由于莫迪里阿尼吸食大麻,特别是饮酒过度,极大地损害了他的健康,甚至到"黑蒙"——眼睛发黑、看不清东西——的地步,一次过巴黎的街道时,倒在地上被警察带走。他的精神也深受影响,常发怪脾气。这使得他在蒙帕纳斯的多数朋友都离他而去,抛弃了他,把他看成是一个不思悔改的毫无希望的人。只有珍妮·埃比特尔一个人,依然始终忠实于他。1920年1月24日晚,住在莫迪里阿尼楼下的邻居见多日都没有看到过这对夫妻了,也没有听到上面有什么声音,便敲门进去。邻居发现莫迪里阿尼躺在床上,发热并说着胡话,全身颤抖,几乎已经没有意识。珍妮在他身边,不顾一切地尽力拥抱住他。莫迪里阿尼是因为患肺结核,正濒临死亡。珍妮惊恐万分,心烦意乱,但没有去叫医生。不多久,莫迪里阿尼终于解脱,离开了人世。

莫迪里阿尼去世后,珍妮的家人将她带走,但没有带莫迪里阿尼和她的女儿珍妮。但是在珍妮看来,莫迪里阿尼不在了,她自己未来的生活是不可想象的,也是无法忍受的。一天后,珍妮·埃比特尔从五楼的窗子跳下,为她的爱人殉情,死时,腹内还怀有一个九个月大的孩子。

15

曼·雷的琪琪和李·米勒

巴黎是世界的花都,同时也是世界文化之城。20世纪20年代,更有诸多的浪漫艺术家从全球各地会集到这里,在塞纳河左岸的蒙帕纳斯定居下来,使此处成为他们的聚合地。当时,美国先锋派女作家格特鲁德·斯泰因和与她一起生活的同性伴侣艾里斯·托克拉斯那在鲜花大街的家,是被称为"变换的空间"的著名沙龙,吸引着昂利·马蒂斯、纪尧姆·阿波里耐等艺术家和作家。厄内斯特·海明威也是这里的常客。斯泰因夫人好像不经意说出的话——"你应该只看真正的好作品,要不就只看绝对的坏作品",或者"你不应该写任何大雅之堂的东西。写那些东西毫无意义,是愚蠢的,也是完全不应该的",都使这位年轻作家终身受益。

这正是达达主义迈向超现实主义的时期。西尔维娅·比奇的"莎士比亚书店"正在冒险出版詹姆斯·乔伊斯的《尤利西斯》;而远道从费城赶来的曼·雷，也在这里磨炼他的眼睛，捕捉镜头前的对象。是的，这是产生伟大艺术家和伟大艺术品的时代。浓郁的文化环境可能让一个年轻人画出惊世的巨作，让一个女孩子的歌声响遍天下，只要有先天的禀赋，在这里，他的才华就不会被抹杀。也就在这时，一个长着一颗漂亮美人痣的女子，在巴黎拉伯雷街2号的"赛马师酒家"唱着猥亵刺耳的小曲。她是一名模特儿和卡巴莱歌手，不过她不像某些这类歌手那样，会爬到桌子上去唱。她只需把裙子捎上去，露出腿上的袜带，有时也会捎得更高、更露。这对听众来说，可要比爬上桌子招人。于是，一段时间之后，她便和许多人认识了，甚至交上了朋友。

她叫爱丽丝·欧内斯汀·普兰（Alice Ernestine Prin，1901—1953），生于法国勃艮第大区可多尔省塞纳河畔的沙蒂永，是她未婚的母亲突然之间把她生在街头的。赤贫中，她由她外祖母抚养长大；到十二岁，她被送往巴黎与她母亲一起生活，并设法找工作。她的第一份工作是为一家印刷厂干活。不久后，她便做了一家面包房的全职女佣，在这里，据她的回忆录称，老板"通常都要我脱光衣服讲淫秽的笑话，才给我奖金"。她是那么可怜，她的要求很低："我的全部需要就是一颗洋葱头，一片面包和一杯红酒。"虽然如此，她对自己的前途仍然很有信心："我总会找到一个倾心于我的人。"

十四岁那年，爱丽丝·普兰跟老板娘打了一架，"我蹿到她的身上，狠狠地给了她一下子"。离开后，为了生存，她就去给一位年长的雕塑家做裸体模特儿。这工作让她母亲感到丢脸，两人发生激烈的争吵，结果她被母亲赶出家门，那是一个寒冷的冬天。这段时间，她流落街头，睡在蒙帕纳斯火车站的仓房里。她也去蒙帕纳斯的几家咖啡馆做洗刷工，这使她有机会遇上几个艺术家。不仅是她那古典美的脸、一对乌黑发亮的眼睛和一头卷曲的短发，在咖啡馆喧闹的人群

琪琪　1927年

中，她那银铃般的笑声也吸引了很多来这里的顾客，包括一些艺术家。最后是一位白俄罗斯来巴黎的表现主义画家夏安·苏蒂恩雇用了她，让她做他的模特儿。是苏蒂恩给她新取了个名字"琪琪"（Kiki）。取 Kiki 名字的人很多，当时苏蒂恩选择它似乎也没有特别的含义，仅是听起来声音比较悦耳罢了，不过却在她成名之后被广泛使用，称她为"蒙帕纳斯的琪琪"或者"波西米亚的女王"。

琪琪虽然缺乏当时最时髦的那种飘逸的形体，但她并不在乎，因为她先天带来的那种强健的极具特色的性感，很容易让艺术家产生美的享受。因此，不久她便成为一位当红模特儿，巴黎画派画家于勒·帕善、法国现实主义画家安德烈·德兰、西班牙超现实主义画家奥斯卡·多明哥和日本的藤田嗣治等诸多艺术家都为她画像、塑像或摄影。波兰艺术家莫伊斯·基斯林的油画《年轻女子的上胸》（1922）刻意表现琪琪一张优雅的脸，两只眼睛里满含着泪水；挪威艺术家佩尔·克诺格的《裸体琪琪》

琪琪的画像　1920年

（1928）则意在表现她那未成熟的肉感，这些都是描绘她的著名画作。而美国摄影家曼·雷更是一眼看中了她。曼·雷在他出版于1961年的回忆录中写道：

> 一天，我正坐在一家咖啡馆里。侍者应召立刻就来了。后来他转到几个女孩子的桌前，但拒绝为她们服务，因为她们都没有戴帽子。因此产生了一场激烈的争吵。琪琪说了几句方言，这我不懂，但肯定更加侮辱人。她后来又补充说，一家咖啡馆毕竟不是教堂，尽管这些美国女子没戴帽子就进来了……后来她爬到椅子上，又从那里爬到桌子上，再像羚羊那样优雅地跳到地上。玛丽邀请她和她的朋友们和我们一起坐，我唤来侍者，以同情的语气命令给这几个女孩子喝点什么。

曼·雷很赏识琪琪，说她的形体"从头到脚都非常非常完美"，让她作为他的情人和缪斯。

曼·雷（Man Ray，1890—1976）生于美国宾夕法尼亚州的南费拉德尔菲亚，原名伊曼纽尔·拉德尼兹基，是俄罗斯一位犹太移民的大儿子。童年时，他就表现出艺术天分。1908年从"男童高等小学"毕业后，他得到一笔奖学金，本来是鼓励他学习建筑的，但他却去学了艺术。1911年，家人想为伊曼纽尔改个名字，便按他弟弟的意见，为他取名曼·雷，以抵制当时流行的反犹伦理偏见。1915年，曼·雷举办了一次画作个展。一年后展出以《自摄肖像》为题的影集，是他的原达达主义的作品。1918年，曼·雷拍摄了一批有意义的作品。1915年，著名的法国画家马塞尔·杜尚来到美国。杜尚创作的特色是以奇特的构

曼·雷的自摄肖像 1932年

思,来打破艺术作品和日常物品之间的界限,如两年后把一个尿器作为现成取材的艺术品,取名《泉》;随后又在名作《蒙娜丽莎》画像(印刷品)上加上胡须,以嘲讽过去的艺术。这很合曼·雷的意。于是曼·雷也开始创作"现成艺术品",即用现成的商品拼凑艺术品,如将舞蹈家的裙子一层层叠起来,就成为他的作品《舞蹈家及其影子》。曼·雷还跟杜尚和杜尚的朋友、法国画家和设计师弗朗西斯·皮卡比阿一起合作,在美国开展达达主义运动,共同创立了所谓"他者"(Others)的艺术团体。但是曼·雷几次创作实验都没能取得成功。于是,在出版了唯一的一期《纽约达达》之后,他失望地声称:"达达在纽约活不下去了。"于是他在1921年去往巴黎,来到法国正处于伟大创造年代的蒙帕纳斯区;于是,他认识了琪琪,并让她做他的模特儿,同时也做他的情妇。

曼·雷和琪琪第一次是在曼·雷的那个位于蒙帕纳斯一条安静街道的工作室见的面。曼·雷一开始就被琪琪的美貌倾倒了,但是琪琪丝毫不听他的甜言蜜语,声称对这类赞美之词她已经厌烦了。曼·雷说服她,强调自己不同于别的艺术家,他们是老一套的画像,他则是摄影。琪琪还是不为所动,说蒙帕纳斯到处都有她的照片,还要他拍什么照片。但是曼·雷仍然耐心地向她解释,说是他要捕捉瞬间的她,为她定格。于是琪琪最后终于被他说服了。

这对情人开始在他工作室隔壁的那个她认为是"自由大陆"的"伊斯特里亚饭店"一起过人们称之为"王子和王妃"的爱情生活。

琪琪是一个身心充溢生机、对爱情非常热烈而又富于性感魅力的女子,她像一轮发光发热的太阳。她在回忆录中这样描写他们的生活:"他在我们所住旅馆的房间里给人拍照。夜里,我已经伸直身子在床上躺下了,他却还在黑暗中工作。我能看到他脸上淡淡的红光,看起来像是一个恶魔。我却如坐针毡,我可不能这么一直等下去。"

确实,这两个人什么都不一样。琪琪是本能的、随心所欲的和淫荡的;曼·雷则是一丝不苟的、哲理性的,或许是有些冷静的。但他们在20世纪的30年代还是持续了八年的共同生活,在这几年里,她赋予他灵感,有助于他在艺术创作上获得成功。

曼·雷为琪琪拍摄照片之前,都会先给她化妆,特别是对她的脸,要做一番精致的设计。据了解此事的琪琪的同时代人——在巴黎的美国作家凯·博伊尔说,曼·雷在设计琪琪的脸孔时,都亲自上彩。他先是把她的眉毛刮掉,然后将他认为合适的另一个人的眉毛贴上去,他又为她挑选颜色合适的面膜,所用的眼睑可以一天是铜色的,一天是宝蓝的,或者是银色的、翡翠色的,等等。

曼·雷为琪琪拍摄了大量照片,全是在他的工作室里拍的,留下来大概有一百多幅,

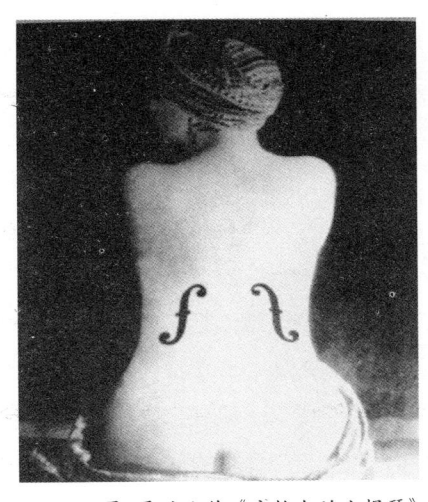

曼·雷的名作《安格尔的小提琴》

曼·雷（右）和达利摄于巴黎

都是裸体的，其中最著名的一幅叫《安格尔的小提琴》。

曼·雷十分赞赏法国新古典主义画派领袖让·奥古斯特·多米尼克·安格尔的画作，他从安格尔作品中慵懒女子的裸体得到启示，通过构思，为琪琪拍摄出这幅《安格尔的小提琴》（Le Violon d'Ingres）。在这幅摄影作品中，曼·雷用一对"f"形的剪纸叠印在琪琪裸体背部的照片上，使身材苗条的琪琪的背看起来像是一把小提琴。这不由使人联想起另一位超现实主义艺术家、西班牙画家萨尔瓦多·达利给他的妻子和缪斯叶琳娜·嘉科诺娃——他叫她加拉——画的肖像油画《加拉的实体和虚像》。达利很欣赏加拉"非常女性化"的躯体。他这画就在表现他所说的，她躯体真是一件"精湛完美的杰作"。不过，达利的这幅《加拉的实体和虚像》从整体画面看来，还是十分写实的。而《安格尔的小提琴》则在超现实主义和性感之间，将琪琪原本古典的裸体演变为一架小提琴的形态，显示出他异常新颖的意象建构。同时，曼·雷以"Le Violon d'Ingres"作为他这幅摄影作品的名字，还有另一层意思。Le Violon d'Ingres 是法国人的一个惯用语，意思是 hobby（爱好），曼·雷意在表明，琪琪是他作为摄影师的业余之爱。

另外，曼·雷1926年拍摄的《黑与白》（Noire et blanche）也很著名。照片表现一个无生命的对象——非洲的黑人面具和睡眠中的他的裸体模特儿即琪琪的对话。这幅作品最初发表在1926年5月1日的《时尚》杂志，现经几次拍卖，价格从206，000美元升至550，000美元。

琪琪也喜欢绘画，她的画作甚至举办过一次展览；另外，她还拍摄过十一部篇幅不大的影片。琪琪于1953年4月29日去世，留下一部回忆录。这部回忆录在1929年出版时，藤田嗣治和厄内斯特·海明威都为它写了"序言"。海明威在"序言"中声言，说琪琪"对蒙帕纳斯时代的影响，超过维多利亚女王对维多利亚时代的影响"。

在离开琪琪之后，曼·雷遇到随后成为他的模特儿的李·米勒。

出生在纽约州波基普西的伊丽莎白·李·米勒（Elizabeth 'Lee' Miller, 1907—1977），从小就得到父亲的宠爱。身为工程师兼生意人的父亲，摄影是他的

李·米勒

业余爱好，常喜欢让幼龄的伊丽莎白做他"体视摄影"（stereoscopic photographs）里的裸体模特儿。八岁那年，在父母的一位朋友家里，伊丽莎白·李被强奸，不久还发现染上了淋病。此事伊丽莎白·李虽然几乎从来没有对人说起过，但给她留下的毕生的精神创伤是非常深重的。到十九岁，她才时来运转。一天，伊丽莎白·李步行在曼哈顿街道时，有一辆载重汽车开过，眼看就要撞着她了，正好有一个人经过，救了她的性命。这个救她的人叫孔德·纳斯特，是《时尚》杂志的创始人。他看着被他救出的这个女子，不由赞叹说："你多美啊"！"你会成为一名伟大的模特儿"。

伊丽莎白·李的确很美，她皮肤白皙，一头金色的短发，用英国著名摄影家塞西尔·比顿的话来说，"像是从（古罗马）阿皮亚大道来的羊神"。于是，她的照片便上了1927年3月15日出版的《时尚》封面，并被聘为美国摄影家爱德华·施泰肯和阿诺德·金塞的模特儿，还受到很多人追捧。两年后，1929年，李·米勒离开纽约，前往艺术家云集的巴黎。就是在这里，她遇到了曼·雷。

曼·雷是在蒙帕纳斯他工作室不远处，拉斯佩尔林荫道的那个叫"醉舟"的酒吧和李·米勒第一次见面的。"我是有意的，我在追他。"米勒1975年在接受美国的一家杂志采访时回忆说。当时，她有意坐在那里等着，"忽地，曼·雷从螺旋楼梯上优雅地走下来。他看起来像一头公牛，结实的躯干，眉毛很黑，头发也浓黑。我说：'我的名字叫李·米勒，我是你的新学生。'曼说：'我没有学生。'他明天要去比阿里茨。于是我说：'我也去。'我可是从来不肯退却的"。

她果然一往直前。从大西洋东岸法国南方的比阿里茨回来后，李·米勒给父亲发电报，说她已经在蒙帕纳斯林荫道的工作室内学摄影了。最初，她是做曼·雷的助手和接待员，以她那罕有的美让来访者着

李·米勒的自摄肖像

迷。英国《时尚》杂志的马奇·加兰曾描述,说她"表达迎接的目光是如此可爱,使他们(指来者)忘掉了自己是来干什么的"。

曼·雷给了她一架折叠式柯达相机,把自己懂得的摄影技术都教给她。李·米勒一开始就表现出摄影的才华,而且长进得也非常快。虽然曼·雷比她大十七岁,但他们两人的合作是互惠的。"在我们工作时,我们就像是一个人。"她说。这种合作随着他们在1930年"中途曝光"的发明而达到了顶峰。中途曝光的技术即在显影过程中,用闪光让照片或底片进行曝光,使一部分影像成为负片,一部分成为正片。《不列颠百科全书》赞颂说"曼·雷是(历史上)第一个为了美学而运用这种技术的人"。与此同时,李·米勒也成了曼·雷的缪斯和情人,曼·雷为她拍了许多照片。李·米勒的儿子安东尼·彭罗斯后来回忆说:"我们家里全是曼·雷的作品。"其中著名的如一帧李·米勒的眼睛的照片,是曼·雷拍摄她注视节拍器的摆杆时那一瞬的眼睛的状态,充分表

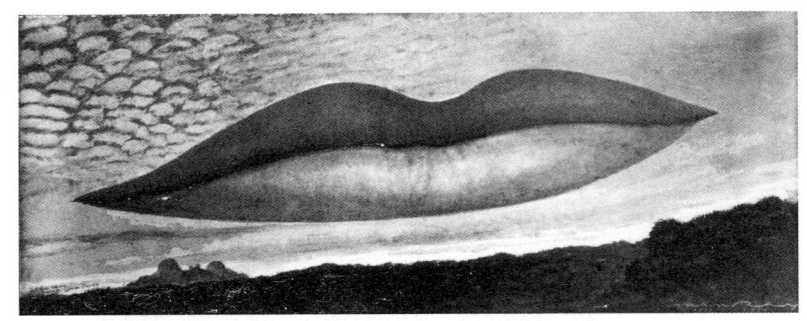

曼·雷的作品《李·米勒的唇》

现出李·米勒凝神的目光中那持续的耐力,以及她这眼睛具有的独特生理之美。曼·雷还在画布上绘出李·米勒的红唇,悬在巴黎城的上空,并附有他的诗句:"我虽然在亮光中和空间里看你,而我唯一真实的,是吻你。"后来,他把这幅画拍摄成照片,悬在一张沙发的上方。

随着他名声的增大,李·米勒对一直做一个顺从的角色渐渐感到厌倦了。她坚持自己的独立性。该是帮助她创建她的事业,还是设法把她留在自己身边?曼·雷陷入两难处境之中。终于,他下定决心写信给李·米勒说:"你必须做出安排,作为我的妻子,结婚生活。我不能看到你有另一种生活方式。我一直因为投下太多的精力而烦恼之极,有一天我简直要崩溃了。这是最后一次,我不会再要求你了。爱你的曼。"超现实主义者是一个浪漫艺术家团体,他们要求 L'Amour fou("自由爱情"),但都同意妒忌应受放逐,不过仅是用在女人身上的标准。李·米勒与法国诗人、著名电影制片人让·科克托共同拍摄《诗人的血》时,就已经将曼·雷撇在一边了,而且她还要去追求俄罗斯社交名流齐齐·斯威尔斯基,这让曼·雷再也受不了了。

一天夜里,李·米勒在曼·雷工作室的垃圾箱里找到一张废弃了的负片，然后着手把它重新制作了一番，这使曼·雷异常愤怒，将她赶出家门。几天后，她回来时，见墙上钉有一张照片。照片上的她，颈上被用剃须刀划了一条痕，涂上红墨水。她做出的反应是买了一张去纽约的单程车票。于是曼·雷买来一支手枪，并告诉所有人，他正在犹豫是杀死李·米勒呢，还是自杀。当然，谁也没有死。五年后，1937年，这对旧情人在一次超现实主义者的聚会上再次见面，以持久的友谊复苏了他们此前的爱情，一直到曼·雷于1976年去世。

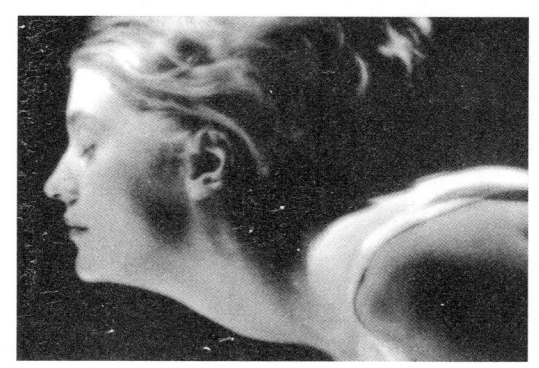

曼·雷拍摄的李·米勒

16

莫奈的卡米耶

在印象派绘画的历史上，曾经出现过两幅同是题为《草地上的午餐》的画作。爱德华·马奈（1832—1883）的原本叫《沐浴》的布面油画《草地上的午餐》，描绘两个完全清醒的法国绅士，带着蠢笨的满意神态，和一个裸体女子坐在碧绿的草地上，另一个穿着衬衣的女人从旁边一条流过的小溪中出来。此画在提交给"1863年的沙龙"时，因被认为"淫乱""猥亵"，遭到法国皇家学院拒绝。但它深深地触动了另一位画家克劳德·莫奈（1840—1926）。1865年，莫奈也创作出一幅《草地上的午餐》。这幅作品，约翰·雷华德在《印

克洛德·莫奈的自画像

莫奈画作《草地上的午餐》

象派画史》中写道:"在题材上与马奈的《草地上的午餐》不无相似,但是和它相反,要尽可能在户外来画,不仅是把一群闲游者表现在真实的背景之前、自然的光线之中,而且也把他们表现在日常野餐中,态度和姿势都显得随便。"(平野等译文)

评论家看重的是画作的艺术,传记作家则注意是否能从画中捕捉到可能存留其间的艺术家的生活细节。果然,他们在画中发现有一位年轻女子的新面孔,相信这是莫奈的情妇。这是她第一次正式出现在画家的作品中。她是谁呢?

莫奈生于巴黎,五岁时随家人迁居诺曼底戛纳海滨勒阿弗尔附近的圣安德雷斯小镇,十五岁跟从当地的一位艺术家学画,但真正的艺术生涯则是从1858年认识风景画家欧仁·布丹之后开始的。是布丹教他室外作画的技术。这年他就创作了几幅风景画,其中一幅在勒阿弗

《草地上的午餐》细部

尔展出。这初次的成功鼓励莫奈下定决心,要成为一名画家。

1859年,莫奈去巴黎访问,接触到一些不同流派的艺术家。第二年他参加一个瑞士的独立美术团体,并在观赏了巴比松画派的画展之后,进了瑞士画家夏尔·格莱耶的画室。战争使他的绘画间断了一年。1861年4月,莫奈应召入伍,因伤寒而退役,回到勒阿弗尔,经济上得到姑姑的援助,使他能够继续入格莱耶的画室学画。在此期间,他还向瑞士学院派风格油画家查尔斯·格莱尔学习。这两年里,莫奈认识了彼埃尔·雷诺阿、弗雷德里克·巴齐依和阿尔弗雷德·西斯莱等印象派画家,并和巴齐依一起在巴黎创建了一个画室,经常前往枫丹白露森林和诺曼底海滩进行野外作画。他们从事创作的唯一目的就是要在巴黎的沙龙里展出自己的画作。终于在1865年,他有两幅作品在沙龙展出,得到肯定性的评价,其中一幅就是这幅后来正式命名为《草地上的午餐》的《野餐》,这是他与巴齐依和其他朋友一起在野外完成的习作。画中除了他的朋友,那个女子是他的情妇——卡米耶·唐希尔。

卡米耶·唐希尔(Camille-Léonie Doncieux)1847年1月15日生于法国中东部,如今属罗讷省省会里昂附近的一个小镇,父亲夏尔·克劳德是一个商人。早在第二帝国时期(1852—1870),父亲就带着卡米耶迁居巴黎拉丁区的索邦大厦。过了几年，在她妹妹热纳维埃芙·弗朗索瓦于1857年出生之后，又移居巴黎西北部的巴蒂诺尔斯。这是艺术家们聚居的一个地区。

卡米耶十多岁开始，就凭借她优美的形体，在这里给艺术家们做模特儿。后来，1865年，她认识了大她七岁的莫奈。据莫奈说，卡米耶当时还完全是一个小女孩。莫奈认为，她虽然出身寒微，但一头黑发和一对灵气的眼睛妩媚动人。她为莫奈摆姿势，做他绘画的模特儿，不久便成为他的情妇。虽然莫奈当时还是一个穷画家，却是一个怀有理想、渴望成为艺术大师的画家。他们两人生活在贫穷的压抑中，但是卡米耶带给他快乐，赋予他创作的灵感。在《野餐》之后，莫奈又以卡米耶为模特儿画出了《绿衣女子》。莫奈在这里沿用传统上绘制贵族肖像的真人大小来描绘他的情妇，表明卡米耶在他心目中的地位。此画获得意外的成功，入选沙龙，受到好评。看到这一成功，他姑姑索菲乐意帮他，使他继续绘画创作

卡米耶肖像　1871年

《绿衣女子》　莫奈

而无经济之忧。这也激励了莫奈,他于1866年在巴黎附近的一个小镇创作出另一幅大型油画《花园里的女子》。据说这幅画中的三位女子,全都是以卡米耶为模特儿的。

但是,莫奈的父亲和姑姑不认可他和卡米耶的结合,也停止了对他的资助,这使他在1867年经济上陷入困境。他们坚决表示不再支持他,作品《花园里的女子》也被评审委员会拒绝。在卡米耶怀上他们第一个孩子的时候,他们的生活就更艰难了。绝望中,莫奈几次向巴齐依求助,最后巴齐依出面给莫奈的父亲写信,请求他资助莫奈。莫奈的父亲提出的条件是莫奈必须离开卡米耶。于是,莫奈只好把卡米耶单独留在巴黎,自己待到她姑姑乡下的领地,使父亲看起来他和卡米耶已经没有原来的那种关系,不然的话,父亲是肯定不愿资助他了。

1867年6月,莫奈去圣·阿德勒斯看望他父亲和姑姑,并在那里度夏。显然,与父亲的关系已经获得和解。25日,他给巴齐依写信说:"我在这里已经十五天了,如所期望的那样快快乐乐。每个人对我都好,都称赞我的每一笔画。"但还补上一句,"如果不是因为我即将出生的孩子,我甚至可以说自己是这世上最开心的人了。"这一时期莫奈创作的两幅画《圣·阿德勒斯海滨》和《圣·阿德勒斯的花园》,那亮丽的光线和画面,反映出他的好心情,画中还画进了他姑姑、姑父和他父亲等人。

8月8日,卡米耶生下她和莫奈的第一个

《圣·阿德勒斯的花园》　莫奈作

儿子让·阿芒德。当时，莫奈特地从圣·阿德勒斯赶到巴黎，陪在卡米耶身边，并一起过了几天，然后回圣·阿德勒斯。年底，莫奈又来巴黎过圣诞节，与卡米耶和他们的儿子一起待在一个寒冷的单住室里。

熬过困窘的冬季后，1868年春，莫奈瞒着父亲和姑姑，来巴黎与卡米耶和儿子一起生活。父亲和姑姑不知道，满以为他早已与他的情妇断绝关系了。为了逃避债主，莫奈一家只好搬入一处比较低廉的房子；随后，三人又移居法国中北部贝库尔附近一个叫格罗顿的小村子，后又迁往勒阿佛尔北面诺曼底海岸的圣安德雷斯小镇。但因付不出房费，曾被小旅店赶了出来，卡米耶和孩子只好住到一个村民的家去，莫奈则回去赚钱来维持他们的生计。好在这年他有五幅作品在世界海洋展览会上展出并获银奖，另外，莫奈还找到一位资助人露易丝-若阿香·戈迪拜尔，她在经济上给予他支持。同时，戈迪拜尔夫人还帮助他组织画展，包括戈迪拜尔夫人肖像的画展。这年，《艺术家》杂志的编辑阿尔塞纳·乌赛以800法郎购下他的卡米耶画像，使他的经济状况有所好转。

莫奈和卡米耶于1870年6月28日在巴黎第八区市政大厦举行婚礼，画家居斯塔夫·库尔贝任他们的证婚人。莫奈的父亲因为不赞同他们的婚姻而没有到场，他认为这一婚姻是极不合适的。卡米耶的富有远见的父母则都参加了，他们不但认可女儿的结婚协议，还给了她一笔1200法郎的陪嫁，只不过明确规定，这钱要以卡米耶的名字登记到她的账户上，这样，莫奈的债主就无法取走这钱。婚后，新婚夫妇带着儿子去诺曼底的特鲁维尔海滩度蜜月。莫奈在这里创作了《卡米耶在特鲁维尔海滩》《卡米耶坐在海滩上》等几幅海滩画作。但为了躲避债主，他把新娘和儿子留在诺曼底的勒阿佛尔，自己则去看望患病的父亲。随后，大概他用父亲给的钱去了英国。1870年10月，卡米耶和儿子在英国与他会面。

尽管迫于经济状况，这个小家庭一直过着不稳定的生活，可卡米耶总是默默地忍受，没有抱怨，无言地接受丈夫的一切安排，履行她作为妻子和模特儿的职责。莫奈也因有这么一个缪斯而深感满足，一心以卡米耶为模特儿创作。

莫奈在今日肯辛顿高街附近的"巴斯普莱斯"住到1871年初。在这里，他只完成一幅原来就画得差不多的描绘卡米耶的作品，题名《休息》。画中，卡米耶慵懒地斜靠在一张宽大的长沙发上，手中拿着一本书。这幅画今日被叫作《躺在沙发上的莫奈夫人》。在伦敦，莫奈认识了也是为躲避战乱逃来这里的法国著名画商保罗·丢朗-吕厄。丢朗-吕厄第一次购下莫奈的几幅画。

这年，莫奈和卡米耶去荷兰旅游，在北部的赞丹度夏。年底，全家回到法国，在塞纳河附近的阿让特伊租下一处带画室的住所。主要由于丢朗-吕厄的帮助，莫奈的作品在1872年得以顺利出售，使他的生活不再忧虑，并完成了《卡米耶的阅读》和《阳光下的丁香花》等几幅花园系列的作品，在这些作品里，树木花卉之间都有他妻子和孩子的身影。

1873年，莫奈又创作出《丁香花下的休息》《红围巾：莫奈夫人画像》《窗口的卡米耶·莫奈，阿让特伊》和《在阿让特伊附近散步》等妻子和儿子在自家花园的作品。4月，在见到毕沙罗和西斯莱的时候，他们共同商讨，要成立一个可以自行组织画展的艺术家联盟。这一意愿在12月27日实现，创建了"无名画家、雕塑家、版画家协会"。1874年4月15日开幕那天，展品中包括莫奈的《印象·日出》。但《印象·日出》当时不为人所理解，批评家路易·勒洛瓦在4月25日《喧噪》上的评论《印象主义的展览会》中嘲讽说："这幅画的是什么

莫奈画作《穿和服的莫奈夫人》

呀？看目录吧。《印象·日出》。印象——我确信不疑。我正在告诉我自己：既然我已感受印象，就必须有一些印象在其中……多么自由自在，多么轻易的手艺呀！毛坯的浆糊花纸也比这海景更完整些。"（平野等译文）可是，世界艺术史上的"印象主义"的名称正是因为此画诞生。

1875年，莫奈仍旧继续一次次怀着深情画他的卡米耶，如《卡米耶和儿子在艺术家的阿让特伊花园》《穿和服的莫奈夫人》《卡米耶在阿让特伊花园》等。但是到了1876年，由于他的画所得的收入，满足不了家庭日益增长的开支，他的经济状况再次陷入困境。

卡米耶本来体质就弱，1877年怀她和莫奈的第二个儿子迈克尔时，极大地损伤了她的健康，她的身体状况更糟了，并患上了盆腔癌。这一年，莫奈仅仅画了一幅画《拿紫罗兰花束的卡米耶》。迈克尔于1878年的3月17日出生。

原来，从1876年的7月到12月，莫奈都在一直资助他的巴黎商业大亨欧内斯特·奥斯谢德（1837—1891）的蒙热戎花园作画，两人友谊深厚。但是奥斯谢德在1876年至1877年间因"挥霍的生活方式"而破产，使莫奈不但失去了资助人，还得接待奥斯谢德和他妻子·爱丽丝全家都搬到他的位于巴黎西北郊韦特伊的住所，与他们共同生活。因为人口过多，他们随后迁居到从韦特伊至拉罗歇和居荣间的一座大房子，在这里，一共住了奥斯谢德家十二口人，莫奈一家以及几个仆人。基于庞大的家用开支，还有卡米耶的医疗费用，莫奈卖去他的很多画作。可卡米耶的病情仍旧一天重于一天。于是，莫奈怀着爱与绝望，为卡米耶画了最后一幅画《临终的卡米耶》。莫奈和卡米耶原来举行的是世俗的婚礼，如今，在卡米耶1879年8月31日去世前，由一位牧师主持了他们的宗教婚礼，以此结束他们在人世间的爱的历程。

艺术家的情感总是会在他的作品中流露出来。有人统计过，从1865年的《草地上的午餐》到1879年初的《临终的卡米耶》，莫奈共为他的爱妻创作完成了以她为模特儿的画作不下于三十二幅。不仅数量多，更主要的是，从认识卡米耶开始，卡米耶就是这位大画家唯一的模特儿，可见莫奈对她的至爱，这在欧洲艺术史上还是不多见的。另外，在这些画幅中，艺术评论家说，莫奈常常以与真人等同大小的篇幅，通过卡米耶的服装、她的姿态，用他自己的创作手法，画出一位现代的巴黎女性。要感谢他们两人的爱，感谢卡米耶作为画家的缪斯，赋予画家无穷的创作灵感，使艺术史上留下如此美妙的艺术珍品。

《临终的卡米耶》　莫奈作

17 梅西昂的伊冯娜

著名的法国古典主义钢琴家,对法国音乐和作曲家奥利维埃·梅西昂做过深入研究的罗歇·米拉罗曾这样说到梅西昂和他妻子伊冯娜·洛利奥:"如果梅西昂没有一个像她那样的钢琴家妻子,梅西昂可能就不会成为梅西昂。"伊冯娜·洛利奥去世时,他们两人的著名的美国学生保罗·克罗斯利在《独立报》上发表文章,把他们和音乐史上的一对大师相提并论,说:"我完全相信,奥利维埃·梅西昂和伊冯娜·洛利奥在音乐上的伴侣关系,有如罗伯特和克拉拉·舒曼的关系那样重要。像克拉拉·舒曼一样,伊冯娜·洛利奥是奥利维埃·梅西昂的缪斯、他的可爱的妻子,和对于像我这样有幸之人的优秀的阐释者和启人心智的教师。"他们的评价都很贴切,一点也不过分。的确,在梅西昂的生活中,伊冯娜不仅是他的妻子,更主要的还是他的缪斯,虽然他们两人都有极高的音乐天赋。

奥利维埃·梅西昂（Olivier Eugène Prosper Charles Messiaen, 1908—1992）生于法国南方的阿维尼翁，父亲皮尔·梅西昂是诗人和研究英国文学的学者，曾将莎士比亚的几个剧本翻译成法文；母亲塞西尔·索瓦热也是诗人，出版过组诗《萌发的灵魂》，这是她写给她这个未来儿子的诗作《地球旋转的时候》中的最后一章。梅西昂后来说，这组诗深刻地影响了他的一生，它预言了他以后的艺术家生

奥利维埃·梅西昂　1986年

涯。第一次世界大战爆发后，皮尔服役入伍，塞西尔带奥利维埃和他弟弟去法国南部的格勒诺布尔，寄住在她兄弟的家。格勒诺布尔是奥利维埃毕生最喜爱的地方，在这里，他先是对戏剧入了迷，和弟弟一起自行制作玩具剧院，朗诵莎士比亚的戏剧，后来就开始作曲和自学钢琴。在学习的时候，他钟情的是当代作曲家，包括1918年3月去世的法国作曲家克洛德·德彪西和正值壮年的瑞士裔法国作曲家莫里斯·拉威尔。另外，他还学过法国浪漫主义作曲家赫克托·柏辽兹的《浮士德的惩罚》、德国古典主义作曲家克里斯托弗·格鲁克的《阿尔希斯特》和奥地利作曲家沃尔夫冈·莫扎特的《唐·乔万尼》《魔笛》等歌剧的总谱。学习的收获之一是少年梅西昂在1917年根据英国大诗人阿尔弗雷德·丁尼生的著名诗篇《夏洛蒂小姐》创作出他的同名处女作钢琴曲。

1918年11月，世界大战结束，父亲从前线归来后，带全家迁往法

国西部卢瓦尔大区的南特。这时,奥利维埃开始首次获得正规的音乐指导,除了学习钢琴之外,还请了让·德·吉本(1873—1952)教他和声。这年的10月10日,德·吉本老师送给梅西昂一部德彪西的《普莱雅斯和梅丽桑德》总谱,作为生日礼物。《普莱雅斯和梅丽桑德》是德彪西据比利时剧作家莫里斯·梅特林克的同名剧本改编的唯一一部歌剧。德·吉本送给梅西昂的这部总谱,给他留下深刻的印象。梅西昂说,歌剧中两个主人公朦朦胧胧似的在梦中的自戕,使他感到像是"一阵晴天霹雳"。这是一个天才音乐家先天具有的对乐音的特殊敏感性。想当年,柏辽兹小时候一次听一支优美的乐曲,先是觉得沉入一种淫逸的狂喜之中,随后就因心悸和压抑而全身骚动不安,最后甚至出现哆嗦和抽噎,几乎痉挛得昏厥过去。另有玛利亚·马利布兰第一次听贝多芬的《C小调第五交响曲》时,因为受到强烈的震动而不得不离开音乐厅。正是这种天生对音乐的异常的敏感,才使柏辽兹成为法国浪漫主义时期的伟大作曲家,使马利布兰成为具有世界声誉的女高音歌唱家。梅西昂也一样,他后来就宣称,说《普莱雅斯和梅丽桑德》"对我可能产生最有决定性的影响"。研究者认为,在梅西昂早期的创作中,很明显带有德彪西音乐的印迹。

作曲家梅西昂画像

1919年,梅西昂的父亲在巴黎得到一份教师的工作。于是,他们全家迁居巴黎,并设法让十一岁的奥利维埃·梅西昂进了"巴黎音乐学院"作曲系学习。在这里,梅西昂开始系统而广泛地学习东方和西方的音乐。学习中他的导师——以创作管弦乐而享有盛名的管弦乐法教授保罗·杜卡（1865—1935）——对他的教导，给他留下极深的印象：学习作曲，应多多"倾听鸟儿的歌唱"。于是，梅西昂接受杜卡的指点，开始研究鸟鸣和微分音音乐。这帮助他的天才得到了更好的发展。至1930年从学院毕业，梅西昂在1924、1926、1927、1928、1929年，作品多次获奖。

1931年9月，梅西昂被任命为巴黎"三一教堂"的管风琴师，这职务一直沿袭到他去世。四年后，为弘扬新的法国音乐，他和作曲家乔治·米戈、安德烈·若利韦、伊夫·博德里埃等一起，创建名为"螺旋星云"（La Spirale）或叫"青年法兰西"（La jeune France）的一个小组。这个组成立于1935年12月，曾举行过第一次演奏会，活动至1937年5月。1936年起，梅西昂任教于"圣乐学校"和"音乐师范学校"，直到1939年第二次世界大战爆发，入伍法国军队，因视力不好，没有直接参加战斗，而让他做些辅助性的工作。但1940年5月，他在凡尔登被捕，作为士兵被囚禁于德国东部格尔利茨的狱中。1941年从西里西亚战俘营获遣返回巴黎，1942年起恢复在"三一教堂"的职务，并继续在巴黎音乐学院任和声学教授。伊冯娜·洛利奥是他在这里的一个学生。

伊冯娜·洛利奥（Yvonne Loriod，1924—2010）五岁开始由她的奥地利教母内莉·埃敏热-西瓦

演奏中的伊冯娜·洛利奥

德夫人教她学习钢琴，到十二三岁，她的演奏已经达到上台表演的水平，包括莫扎特所有的协奏曲、贝多芬所有的奏鸣曲和巴赫的两卷各二十四首的前奏和赋格"48曲"，她都能熟练地演奏。这些作品难度都很大，但是天才的伊冯娜后来回忆说："我觉得它们都非常容易，是上帝赋予我很好的记忆。"进入巴黎音乐学院后，伊冯娜·洛利奥先是向拉扎尔·莱维学习钢琴，向安德烈·布洛赫学习和声。奥利维埃·梅西昂是1941年5月7日被遣返回来后才开始教她。洛利奥曾这样记述第一次上课时同学们见到梅西昂的情景：

……学生们都热切地在等待这位新教师的到来，最后，他带着乐谱出现了，手指由于在战俘营里待过的关系，肿得非常厉害。他走到钢琴跟前，将德彪西的《牧神午后前奏曲》总谱全部摊开，然后一节一节地全都弹奏一遍。全班同学都被迷住并深受感动，立即每个人都喜欢上他了。

在教与学的过程中，梅西昂很快就看出伊冯娜·洛利奥具有非凡的记忆力和令人炫目的技巧，深信她可以通过演奏对他所创作的音乐作品做出极好的诠释。梅西昂声言，伊冯娜是"一位独一无二、极其杰出的钢琴家，她的存在不仅改变了作曲家创作钢琴曲的手法，还改变了作曲家的风格、世界观和思想模式"。

1942年12月，梅西昂受电影制片人丹尼斯·图尔的委托，为"七星音乐会"创作首曲子。于是，他在1943年创作了《阿门的幻想》。他是有感于洛利奥的演奏技巧并受她的启示而创作的描述他俩感情的两架钢琴曲。第一部分是专门为洛利奥那高超得令人炫目的技巧而写的，音色亮丽，要求演奏者有极为超群的技艺；第二部分以大和弦为其特色,是写给梅西昂自己演奏的。后来在与另外几位钢琴家讨论他的音乐时,梅西昂说,他从来没有担心过这部作品的难度,因为他知道,洛利奥能够演奏任何作品。1943年5月10日,《阿门的幻想》在巴黎的"夏庞蒂埃画廊"首演,取得良好的效果,出场演奏的伊冯娜·洛利奥当时还只有十九岁。随后不久,梅西昂在1944年又为洛利奥

伊冯娜·洛利奥演奏的手

写出他最重要的宗教题材的钢琴独奏作品《对圣婴耶稣的二十凝视》。梅西昂宣称,这部作品里"有很多钢琴的特点和独特的效果,是对创作钢琴曲的一次小小的革新,要是我没有听过伊冯娜·洛利奥最早的演奏,我一定不可能认识到这一点"。专家说,梅西昂的伟大作品可以被看成是一个作曲家的创作风格直接受到他为其所写的演奏者影响的最明显的例子。同年,梅西昂还为洛利奥写了女声合唱与管弦乐队结合的《敬神礼仪小曲三首》。在这部作品印出的总谱上,梅西昂仅有一句简单的题献:"献给伊冯娜·洛利奥。"但是一个没有发表的本子上的题词,表明了他和伊冯娜之间关系的默契:"献给伊冯娜·洛利奥。她的技巧与她的天赋相得益彰,她完全理解我的心意。"

从这几年里两人的关系不难看出,梅西昂心中已经认定伊冯娜·洛利奥是他的缪斯,他灵感的源泉。他深深地爱着她。但是梅西昂是一个天主教徒,还已经在1932年与索邦学院教授的女儿——颇有成就的小提琴家和作曲家克莱尔·德尔博斯(Claire Delbos, 1906—1959)成婚,并在1937年生有一个儿子。克莱尔在婚姻初期曾多次流产,二次

世界大战后做的一次手术失败之后,开始丧失记忆,患上精神病,进了一家疗养院,且健康每况愈下,失去自理能力。天主教徒是不能离婚的,离婚被认为是奸淫,违反教律。因此,虽然梅西昂和洛利奥两人同住一座三层楼房,但却不得不分开:梅西昂住一层,洛利奥住另一层,中间一层是教学区。两人不能生活在一起。由于既不能离婚,又不能和洛利奥同居,梅西昂内心异常痛苦,情绪极坏。处在这种情况下,"我们就痛哭"。洛利奥回忆说,"我们哭了差不多二十年,直到她(克莱尔)去世,我们才能结婚"。

尽管如此,爱情仍在他们的心中滋长,好似一棵被石块压住的小草那样地生长。

从1945年开始,到1949年这几年时间里,梅西昂的创作全都是献给洛利奥的,其中如"特里斯坦三部曲"中的一些,都像具有《特里斯坦和绮瑟》(R.瓦格纳创作的歌剧)的故事精髓,既表现了爱的神秘,又带着性的成分,最后的结局常常都是两个情人的死亡。这是因为他爱伊冯娜,两人却无法实现爱的结合,看不到爱的前程。伊冯娜自然也因她不能与梅西昂结合而深感痛苦。但她没有把克莱尔看成是他们爱情的障碍而怀恨在心。几年里,直至克莱尔病逝,几乎每一个周末,伊冯娜都怀着一颗真诚的心陪伴梅西昂,看望克莱尔,以自己的关爱,化解梅西昂心头的压抑和悲痛。克莱尔死后,他们又等了两年才举行婚礼,然后去日本度蜜月。在日本,梅西昂创作出《七俳句:日本素描》。

结婚之后,梅西昂开始住进洛利奥的位于蒙马特尔高地北面马卡德街的公寓,过起自由自在的两人生活。

从儿时待在位于罗讷河和阿尔卑斯山地区格勒诺布尔的舅舅家起,拉歇山下和伊泽尔河畔的幽静环境,就让梅西昂习惯于尽情享受山林、风声和鸟鸣的美。开始学习音乐之后，保罗·杜卡老师教导的"倾听鸟儿的歌唱"，使他深信每一种鸟儿都是音乐大师。同时，梅西昂想必也知道，当年，瑞典女子珍妮·林德去巴黎向世界著名的声乐教师曼努埃尔·帕特里修·罗德里格斯·加西亚学习声乐，虽然获得很大的教益，但她还是声称，说她不想遵循任何人的规则来唱歌，她所努力追求的是要像鸟儿一样歌唱；她认为，只有唱得最好的鸟儿，才合乎她对歌唱所要求的真实、清晰和传神。珍妮·林德后来确实做到了这一点，而以"瑞典的夜莺"闻名世界。

音乐伴侣梅西昂和伊冯娜

　　还在青年时代，梅西昂就试图从鸟儿的叫声中汲取音乐灵感，著名的如他被俘后在狱中创作的《末日四重奏》，总体上是描写他自己当时的苦痛心境和对宗教的由衷赞美。其中的"受伤的鸟"部分，即是将鸟鸣融入全曲的和声。这部作品曾于1941年在战俘营中演奏过，三位法国音乐家分别拉小提琴、拉大提琴、吹单簧管，梅西昂自己弹钢琴。后来，他技巧的运用越来越成熟，具有代表性的是1953年创作的《百鸟苏醒》，被认为是春日午夜至日中的交响诗。这首钢琴曲分"午夜""凌晨鸟儿醒来""日出晨歌"和"中午的大休止"四部分，由梅西昂采集来的三十八种鸟鸣构成。

　　梅西昂一直喜欢进入大森林和鸟市场，去记录异域鸟儿的鸣叫。

梅西昂在林中记录鸟鸣

如今,这已成为他的日常课程,伊冯娜总是随时陪伴着他。几乎每个星期天,这对音乐伴侣都要带上录音机和纸笔去郊外;他们还安排时间去往欧洲的其他地区,去日本、澳大利亚、北美、希腊、印度和太平洋上偏远的小岛,伊冯娜将鸟儿的歌声录下,梅西昂则在纸上笔录鸟鸣的曲谱,尤其是夜莺,各个不同地区的夜莺。梅西昂喜欢在暮色苍茫的林中听鸫鸟的啾啭,他说:它们"或许是法国最可爱的歌手","只要你听到过一次,就永远忘不了"。梅西昂就在伊冯娜的帮助下,从这些鸟儿的歌声中获取灵感来创作。例如梅西昂创作的著名钢琴曲《群鸟录》,先后相间描述了红喉雀、黑乌鸫、斑鸫、乡间云雀、阿尔卑斯红嘴山鸦、黄鹂、青乌鸫、黑耳麦翁鸟、短尾云雀、大苇莺、短趾云雀、岩乌鸫、岩石画眉、秃鹫、浅灰杓鹬、灰林鸟等数十种鸟儿的歌声。著名的音乐评论家杰里米·艾克勒赞美说:"这些作品并非简单的模仿,更非纯粹只是受鸟启示的创作,像《群鸟录》和《园中之莺》，都是音色的诗篇，让人联想起当时的情景，以及色彩和氛围。"

伊冯娜作为梅西昂的缪斯，一个音乐家的助手，不仅给梅西昂带来灵感，还给他许多有效的帮助，使梅西昂得以创作。梅西昂十分感激他的缪斯，他晚期的创作全都是献给伊冯娜的。伊冯娜·洛利奥也一直全心全意地支持他的工作。1992年梅西昂去世后，她开始着手整理梅西昂生前的手稿，包括梅西昂逝世前未完成的作品和早期作品。她永远保持着对梅西昂的爱。著名的法国古典钢琴家罗歇·穆拉洛一次去看望伊冯娜·洛利奥，过后说："夫人（指洛利奥）去梅西昂的墓地拜祭之后，她告诉我，她深爱着梅西昂，以前是，以后也是，一直都是。"

晚年的梅西昂和伊冯娜

18

施特劳斯的奥尔迦

  1837年10月30日,俄罗斯帝国的第一条铁路——从圣彼得堡经沙皇村至巴甫洛夫斯克——正式通车。如乘客所形容的,"就像一匹专为女士们训练的驯服的马",把她们带往她们想去的地方。

  巴甫洛夫斯克原是女皇玛利亚·叶卡捷琳娜赠给他的儿子、继承人帕维尔·彼得洛维奇的礼物。1782年至1786年间,在这里建起圆顶矩形结构的大宫殿和英国式的大公园,多年后又在原来的基础上做过多次修改和补充,一直是著名的旅游胜地。作为旅游点,尤其在夏日,不难想象,需要有音乐陪伴那些来此避暑的宾客。后来,这里就常举办音乐会来助兴。一直以来,每年的夏季音乐会都是由匈牙利格拉茨军乐队的队长来出任指挥的。近年,一位新的明星闪耀在欧洲的乐坛,主办者便想到,何不借助他的声誉,来增加对游客的吸引力呢?

  奥地利的小约翰·施特劳斯(Johann Strauss II,1825—1899)是音

青年时代的施特劳斯

乐家老约翰·施特劳斯三个音乐家儿子中最著名的一个,他共创作了近五百首舞曲,其中一百五十多首圆舞曲,包括饮誉全世界的《蓝色多瑙河》可谓无人不知,由此他获得"圆舞曲之王"的美称。

虽然施特劳斯的《蓝色多瑙河》和其他名曲,多数都作于19世纪六七十年代,但是他从1844年10月在维也纳"多姆迈尔音乐厅"的首演起,就赢得批评家和报刊的好评。随后的十年里,传记作家说:"他的圆舞曲、波尔卡和进行曲并不仅仅在舞厅中受到欢迎,它们也深深吸引了人民公园或者娱乐场所的'音乐会听众',而且成为……和贝多芬、门德尔松、舒曼、柏辽兹、李斯特、瓦格纳以及其他许多'严肃音乐'作曲家的作品相提并论的佳作。"所以,巴甫洛夫斯克火车站要请这位被权威的音乐评论家爱德华·汉斯里克称为"当代最优秀的圆舞曲作曲家"来招徕旅客,也就是料想中的事了。于是,1856年2月,施特劳斯开始踏上去俄国的路,到1865

"圆舞曲之王"约翰·施特劳斯塑像

年,施特劳斯于每年的5月2日至10月2日,都在巴甫洛夫斯克"沃克斯霍尔"音乐厅或音乐厅外面的画廊指挥演出,受到上自王公贵族下至普通听众的欢迎,期间还有一段他和一位俄罗斯少女的有点哀伤的浪漫情感故事。

1856年,贵族女子学院学生奥尔迦·斯米尔尼茨卡娅(Ольга Смирнитская,1837—1920)正和她父亲华西里·尼古拉耶维奇·斯米尔茨基将军,以及她的母亲,还有她的弟弟,一起在巴甫洛夫斯克的别墅度夏。奥尔迦当时还不到十九岁,和当时的许多年轻大学生一样,十分时尚。她喜爱文学和音乐,不但阅读,还常将俄国大诗人普希金、莱蒙托夫和费特、柯里佐夫等人的诗篇,自行配曲来演唱,有的还得以出版。她作的曲子中那满含柔情而又有点伤感的旋律,表现了她这个年龄的少女所共有的对爱情的渴望,期待着有一个她爱的人到来。

像施特劳斯这样一位创作和指挥都如此富有激情的音乐作曲家,自然成为奥尔迦·斯米尔尼茨卡娅心中的偶像。

1858年夏天,施特劳斯在第三轮"俄罗斯演出季"中担任指挥,一天,在"娱乐大厅"的音乐会上,施特劳斯发觉听众中有一个漂亮的很有魅力的少女正注视着他。她穿一身亮丽的布拉吉,热切的眼神里带有一点忧郁。音乐会结束之后,在照例挑拣粉丝们赠送的大量花束和信函时,施特劳斯发现一小篮子的白玫瑰,中间夹了一张便条,上写:"献给大师。一个陌生人的敬意。"几天后,音乐家和这位少女在一家音乐商店相认了,随后他们就约会,一次次地约会,音乐是他们通用的世界语。奥尔迦向音乐家请教有关音乐方面的知识,还演唱抒情歌曲给他听。

1859年,施特劳斯再次来到俄罗斯的时候,他和奥尔迦的感情有了进一步的发展。三十四岁的作曲家很爱这个二十岁的姑娘。他告诉她:"我越来越相信,你就是上帝为我选定的姑娘。"

在所爱的人的面前,娇生惯养的奥尔迦感情冲动,表现得可爱、率直又淘气,常常撒娇。施特劳斯简直被她这种奔放的激情惊呆了,而她这种撒娇又很让他觉得可爱。于是,他便叫她"我亲爱的孩子",或者"小淘气""我的心肝儿奥尔迦""我的梦想""我尊贵的天使"和"我的一切"等等。奥尔迦的到来,赋予施特劳斯灵感,他为奥尔迦创作了《波尔卡—玛祖卡》等乐曲,还借柯里佐夫的诗《心灵的渴求》写了一

施特劳斯和奥尔迦

首曲子,来表达他自己的心迹。奥尔迦也创作出表露她内心的曲子,施特劳斯不但在"演出季"上演奏了她创作的乐曲,回到维也纳之后,仍然满怀深情地演奏这乐曲。施特劳斯在1859年11月22日给奥尔迦写的信中告诉他的甜心说:"我的兄弟约瑟夫也知道你创作的抒情曲了,因为我每一天、每一个钟点都在演奏它,因为它是我在钢琴上弹奏的唯一的一支曲子。"在此之前,施特劳斯也多次给奥尔迦写过表达爱情的信。如在1858年7月31日凌晨写道:"我越来越相信,你是上帝为我选定的人,没有你我也能生活下去的想法,在我心中已经没有任何位置了……"同日清晨3时45分,他又禁不住继续写道:"除了在我死前我要亲吻你的双唇,此外不可能再有其他最后一吻了……我高贵的孩子,我们将会怎样呢?"(潘海峰译文)

回到维也纳后,施特劳斯仍不忘思念奥尔迦。他给奥尔迦写信说:"昨天……我在人民公园演奏,那里聚集了两千多人。他们热情鼓掌达几分钟之久来欢迎我这个维也纳的儿子。最受欢迎的是《旅行—历程—圆舞曲》……还有你写的《玛祖卡》。波尔卡的《小淘气》……也被要求再次演奏……所有的人都知道,我的心留在了圣彼得堡……"

施特劳斯和奥尔迦的爱情是背着他人悄悄进行的,但是,他们的秘密还是被奥尔迦的父母发觉了。在19世纪贵族的眼中,作曲家为贵族演奏音乐供他们消遣和享受,被看作是佣人在为雇主服务,作曲家的地位是低贱的,赠送礼物不过像付小费似的,是一种赏赐。钢琴家弗兰兹·李斯特当年在巴黎教授法国内阁部长女儿卡洛琳·德·圣克里克钢琴时,师生之间产生了爱情,就因地位不相称,卡洛琳的父亲解雇了李斯特,要他立刻离开,永远不准再上他家。奥尔迦一定受到家庭的警告,要她断绝和施特劳斯的来往。只是最初,富有浪漫激情的奥尔迦没有听从他们的话，她仍给施特劳斯写信，两人继续往来。可是他们的爱情能坚持多久呢？虽然当时施特劳斯还是一个未婚的青年。列宁格勒"音乐"出版社1975年出版的E·迈耶里奇的《施特劳斯传》这样写道：

> 约翰·施特劳斯在圣彼得堡的奥地利朋友奥古斯特·雷勃洛克在俄国已经生活很长时间了，当他被告知施特劳斯对奥尔迦的爱时，他感到十分震惊。他说："我只希望这一夏日罗曼史不会以丑闻告终。"雷勃洛克认识出版商贝尔纳，贝尔纳就是遵照她（奥尔迦）的父亲华西里·尼古拉耶维奇·斯米尔茨基将军的吩咐出版奥尔迦创作的浪漫乐曲的。由于雷勃洛克对圣彼得堡社交界的方方面面都很熟悉，所以他坚信，奥尔迦不会得到她父母的允许而嫁给施特劳斯——一个有自己乐队的指挥，即使是一个富有天才而获得极大成功的人，都和她的社会地位不相称。奥尔迦的母亲尤多吉雅·阿基莫芙娜最后毫不含糊地让施特劳斯明白了这一点。

情况真是如E·迈耶里奇所料。

在施特劳斯和奥尔迦爱的交往期间，两人互通了数以百计的情书。奥尔迦写给施特劳斯的情书大概当时就被销毁了。不过施特劳斯写给奥尔迦的，据说，奥尔迦的母亲一次次要女儿把这些信烧掉，于是奥尔迦请她忠实的女友——见证她和施特劳斯爱情的波琳娜·斯维尔契科娃代她保管。1899年，施特劳斯去世后不久，为编写施特劳斯著作全目，维也纳"施特劳斯研究院"从事这项工作的托马斯·艾格纳博士在多方搜集的过程中，了解到这一线索，便向波琳娜建议，将这批信件赠送给作曲家的遗孀阿黛尔·施特劳斯，由阿黛尔付她一笔酬金。但波琳娜回答说已经找不到了。巧的是到了20世纪90年代初，艾格纳在维也纳城市图书馆的档案里发现约翰·施特劳斯在"俄罗斯之旅"时期写给奥尔迦·斯米尔尼茨卡娅的信，竟有一百多封。1926年先有几封发表，后来这一百多封信由托马斯·艾格纳编成，以《奥尔迦·斯米尔尼茨卡娅：约翰·施特劳斯情书一百通》（Olga Smirnitska die Adressatin von 100 Liebesbriefen von Johann Strauss）为题，于1998年在德国出版，后被译成俄语出版。从这些信中可以略知奥尔迦和施特劳斯之间后来的一些不为人知的情况。

俄文版《施特劳斯情书一百通》

1859年7月，正值夏日演出季，施特劳斯非常忙，但是合同规定每周有一天休息，奥尔迦应该可以和他见面。但是事情显然已经发生变化，这从施特劳斯给奥尔迦写的一封信中不难猜到。施特劳斯在信中诉说："我爱你爱得发疯了。你知道，没有你我不能活。"这表明，一定是他不但见不到奥尔迦，也收不到她的信，才发出这样的感叹。"我只有在读到你给我的信时,我才能得到安慰。因为只有见到你,我才有生活下去的力量;只有拥有你,我的天使,感受到你的呼吸,我才能维持我的生命。"施特劳斯接着向奥尔迦祖露,"我每分钟都经受着极大的痛苦","没有你的生活,我觉得就和死一样"。最后,施特劳斯说道,因为想她,感到"我已经再也没有生的欢乐,再也没有希望,除了死,我是什么也没有了"。于是便高喊:"天哪,让我死吧!"结果他似乎真的疯了,因为他说道:"人们看着我,就像看一个疯子;我觉得他们都被吓坏了,全都迅速从我旁边逃走,像关一头野兽似的把我送进一家精神病院。"全信以这样几句结束:"感谢你此前那些安慰我的信,但(现在)对我已经没有安慰作用了。我的激情把我毁了。原谅我吧,我的天使……你忠实的约翰。"

  无疑在后来的一段时间里,奥尔迦依然没有跟施特劳斯联系,使作曲家痛苦万分。在7月30日清晨写给奥尔迦的信中,施特劳斯抱怨说:"我多么难过——你为何不能到我这里来呢?"他这样诉说见不到奥尔迦的痛苦心理:"我想用音乐来安慰自己,想尝试这样做,可是我无法这样继续下去,我的神经在颤抖,我浑身无力。奥尔迦,我多么忧伤!我几乎没有力量写这几行字。我从未哭过,可是今天——我只能对你承认——我流泪了。"他甚至哀叹:"啊,奥尔迦,我觉得我不久即将死去,将一个人死去……"

  不难想象,像任何一对情人那样,施特劳斯和奥尔迦幽会时,双方都会誓言要忠实于他们的爱情,并对未来充满美好的梦想。但是因为奥尔迦父母的阶级偏见,他们绝不允许自己的女儿嫁给这个出身低贱的音乐家。此外可能还有一个小小的因素,就是施特劳斯在巴甫洛夫斯克时常常罹患重病,医生们都说他只能活两年,这也增强了奥尔迦父母的这一决心。

奥尔迦是一个顺从的女儿，对于父母的警告，她不知道该怎么办才好。奥尔迦是爱约翰·施特劳斯的，但她又怕不听从父母的意见会伤他们的心。面对女儿如此犹豫的态度，像许多把儿女看成自己家产的父母一样，她母亲尤多吉雅·阿基莫芙娜亲自出场了。

　　奥尔迦的母亲找了施特劳斯。这个有权势的老妇人，性格固执。她向施特劳斯表示，希望他不要把他和她女儿的关系暴露在众人面前，以影响她家的声誉。她警告说，他们是绝对不会容许女儿独立做任何决定的，并告诉施特劳斯，他们已经为奥尔迦找好与她相配的丈夫了。她还要求施特劳斯把奥尔迦写给他的信全交给她。施特劳斯回答说，请不要把他看成是一个"不高尚的或者轻率的人"，并向奥尔迦的母亲发誓：奥尔迦给他的信，他会一直带在身边，直至"陪伴我进入坟墓"。两个人，一个要他无论如何把信交出，说这是为了奥尔迦的前途，也是为她的未婚夫着想；一个则要保留这些信，并明白告诉她，即使是奥尔迦的父亲来向他索取，他也只会跟他说，这些信已经被付之一炬，"因为我需要这些信，以维持我的生命。我不能没有这些信"。老妇人听后骂道："我什么都不会相信你，不相信从你愚蠢的头脑里冒出的任何骗人的话语……"施特劳斯写信告诉奥尔迦，说在如此的对话中，他感到自己受到了侮辱："不知不觉间，我对这个为了实现自己的计划竟如此诉说自己孩子恶行的母亲感到非常气愤。"

　　两人的谈话无果而终，奥尔迦的母亲没有达到她所期望的目的。施特劳斯也不想对奥尔迦的父亲解释，因为他知道，她父亲也不会理解一个艺术家的心灵，不会遵从他女儿的合理的选择。"我所做的一切都是为了你呀，奥尔迦，"施特劳斯倾诉说，"我可以献出我的生命，但我不能跟你父亲谈什么。可怜我吧，我的孩子奥尔迦。"

　　得不到奥尔迦父母的同意，朋友们劝施特劳斯带着奥尔迦私奔。

可是奥尔迦怎么也跨不出这一步。当她的兄弟在1860年去世后，做女儿的责任使她最后决定和母亲待在一起。于是，到施特劳斯再次向奥尔迦求婚时，她便送他一绺她的青丝，作为永远离别的纪念。

在童话故事中，总是读到这样的结尾："两个相爱的人终于结合在一起，从此过着幸福的生活。"在小说里读到的却往往是："他们结了婚，但是都不幸福。"现实生活中往往也是如此。

奥尔迦·斯米尔尼茨卡娅和约翰·施特劳斯分离后，很快就结了婚，嫁给一个叫亚历山大·拉津斯基的律师。两人的婚姻持续了六十多年，在丈夫去世之后几个星期，她也离开了人世。他们没有一点儿浪漫情调，家里听不到音乐，丈夫对她十分冷漠，夫妻双方都互不理解，她一生完全沉浸在忧郁中。奥尔迦生有四个子女，其中一个患有精神病，另一个也在年轻时自杀了。

约翰·施特劳斯共结过三次婚，但没有一个子女，家庭没有幸福，也没有安慰。他毕生都保存着那幅施特劳斯陪伴她摆姿势、画家伊凡·马卡罗夫创作的奥尔迦的肖像画。回忆奥尔迦的信和看看奥尔迦的肖像，就是施特劳斯对他这位"北方缪斯"唯一的纪念。

19

夏加尔的贝拉

在人的一生中,某些所谓的"征兆"或者预言,是否真的可信,一直是人们长期争论和科学家探求的问题。因为人绝大部分的生活都很平常,神奇便容易成为他的梦想或者追求。于是,这类征兆或预言,无论真假,总乐意被饶有兴致地记忆和记录下来,且宁信其真,不信其假。最后,对偶有"应验"的事传为美谈,甚至穿凿附会,其他部分则忘得一干二净。

伟大的超现实主义画家夏加尔曾回忆说:"母亲告诉我,我生下来的时候,全城都被一场大火所吞噬。为了救我们,我们两人躺在床上,被从一个地方转移到另一个地方。或许,这就是为什么我总是觉得我必须要到一个个地方去。"很多人相信,这是一个征兆,应验了他日后一生漫游天下,从出生地辗转去圣彼得堡、莫斯科,随后去巴黎,去布列塔尼,去法国南方,去巴勒斯坦,去荷兰、西班牙、波兰、意大利，又去法国卢瓦尔地区，去美国，最后到达法国滨海省份阿尔卑斯的圣保罗，像一只鸟儿，不停地飞奔。又据说有一个吉卜赛女孩曾预言，说夏加尔会有不平凡的一生，会爱上一个不平凡的女人、两个普通的女人。如果这不是事后的附会，那全都说对了。

马克·查哈罗维奇·夏加尔（1887—1985）是俄裔法国画家，他的作品依靠内在的诗意力量，而非绘画逻辑规则，综合立体主义、

马克·夏加尔

象征主义和野兽派，上升到超现实主义，把来自个人经验的意象与形式上的象征和美学因素结合到一起，被认为是"20世纪犹太艺术家的典范"。毕加索甚至宣称，除了马蒂斯，夏加尔是唯一真正理解色彩是什么的画家。

夏加尔原名摩西·西格尔，生于当时属于俄罗斯帝国的白俄罗斯维捷布斯克的市郊里沃兹纳的一个典型的犹太人家庭，他是九个孩子中最大的。替鲱鱼商做搬运工的父亲是一个沉默寡言的正派人，相反，经营一家小商店的母亲是个好心的话匣子。摩西出生的那天，一场从未有过的大火迅速遍及维捷布斯克郊外，大部分房子都笼罩在一片火海之中。夏加尔怀疑这可能是他今后命运的一个征兆。

夏加尔的童年是在歌唱家祖父的家中度过的，祖父是当地犹太教堂的领唱。夏加尔后来进了一家犹太教会小学，学习犹太人的意第绪语和《托拉》《塔尔木》等犹太经典；随后进俄语学校，因为那个时

候，犹太人还是被允许接受非宗教的世俗教育的。

十九岁那年，摩西一次去大画家伊利亚·列宾的学生——写实派画家耶胡达·尤里·佩恩的工作室（也有说是佩恩创办的"维捷布斯克艺术学校"），观赏过他的作品之后，便爱上了绘画，很想进那里学画。但遭到父亲的反对，认为学画没有出息，无前途可言。他母亲则很支持他。佩恩看出这个青年人有艺术才华，深受感动。两个月后，他答应，允许摩西任何时候都可以去他那里，由他来教他。于是，摩西得以像其他的那些未来艺术家一样，在这里开始磨炼技巧，画些当地的商人、自己家庭的成员和维捷布斯克的穷人。但是不久，摩西·西格尔就不满足于画这些东西了，他甚至厌弃这种生活。他对自己有更大的期望，于是决定离开家乡。

1907年，摩西·西格尔带着仅有的二十七个卢布，去往俄国首都和文化中心圣彼得堡。那时，在圣彼得堡，除了高资产、高学历的人才，一般的犹太人是受歧视的。摩西的生活处在极度穷困的边缘。后来他设法请求贵族和高层犹太人资助，进了一家学校学习，同时为《东方》杂志的希伯来文版做编辑，并为一家商店做装修。1910年春，在先锋派杂志《阿波罗》的运作下，他举办了第一次个展。在圣彼得堡的这段时间里，摩西·西格尔认识了两位自由知识分子类型的年轻人维克多·梅克勒和杰雅·勃拉赫曼（Тея Брахман）。他们把他带进青年知识分子和艺术家的圈子，然后他投到著名画家和舞台设计师列翁·巴克斯特的门下。杰雅和他相处得特别好，成为他的密友，甚至肯裸体为他的创作摆姿势。

年轻的时候，夏加尔心中就充溢着爱的梦想。那时，他自己坦言，不论在游泳还是在画画，他都不忘姑娘们的存在。他喜欢在河边仔细打量她们，女子中学学生的发辫，连她们裤腿上的花边，都会使他激动万分，不得安宁。但当真的和她们相处时，他往往又变得十分拘谨。他喜欢一个叫"利奥兹诺的尼娜"的女孩，希望和她一起单独散步，一意识到这一点，他就激动得全身发抖——也可能是恐惧得发抖。后来，两人终于坐到了一起，坐在长条椅上，他吻了她，一次又一次地吻她，但就是没能再跨越一步。又有一个叫"安纽达"的女孩，他整整追求了她四年，天天思念她，而看到她的连衣裙时，又胆怯起来了。在这漫长的时间里，他只有一次下定决心吻她。但实际上并不是他主动，而是她首先拥抱他、吻了他，他才回吻她的。

只是第三次接触女孩子，情况就不同了，是一次真正的初恋。那是1909年秋，地点是安纽达的女友杰雅·勃拉赫曼的家。一次在等待杰雅的时候，夏加尔回忆说："一个似乎从另一个世界飘来的悦耳动听的声音，令我激动起来。"她是杰雅在马林斯基中学时期的同学。那个仿佛从天国传来的声音，深深地打动了他。他急不可耐地想过去和她说几句话。可是惯有的拘谨，使他犹豫了一会儿。等到他下定决心要过去时，她已经告别离开了。好在后来，当他和杰雅出去散步时，又再次见到了这个"她"。这时，就像是吉卜赛女郎预言的那样，摩西突然觉得：

> 我应当同她，而不是同杰雅在一起！
> 她默默不语，我也默默不语。她抬起眼睛——啊，她的眼睛！——我也抬起眼睛。
> 我们似乎早已认识，而她对我的一切十分了解：我的童年、我现在的生活乃至我的未来。她似乎早就在观察我，就在我身边，尽管我是第一次见到她。
> 于是我明白了：这才是我的妻子。

眼睛在白净的脸上闪耀：又大，又突出，又黑！这是我的眼睛，我的灵魂。

(陈训明译文)

摩西·西格尔说的这个"她"即是后来成为他的妻子和他的缪斯的贝拉。

贝拉·罗森菲尔德（Белла Розенфельд，1895—1944）原名贝尔塔，"贝拉"是她和马克·夏加尔去巴黎之后的称呼。她出身于一个正统犹太人的多子女之家，家庭非常富裕，父母拥有几家珠宝商店。父亲整天都沉浸在犹太经典《托拉》，即"摩西五经"里，由机智、务实的母亲处理商务事宜。虽然这个家庭遵从宗法制旧习俗，但是颇有远大目光，肯让贝尔塔去接受非宗教的教育。贝尔塔在维捷布斯克家乡的学校毕业并获银质奖章之后，去了莫斯科，进入莫斯科大学历史—文学—哲学系继续学习，并在著名戏剧家康斯坦丁·斯坦尼夫斯基的工作室和《俄罗斯晨报》学习表演和写作，被认为是一个谦逊而又富有幻想的艺术型女孩。期间，她写过有关陀思妥耶夫斯基和"俄国农民的解放"的论文。

1909年秋，贝尔塔回到维捷布斯克时，在杰雅·勃拉赫曼的家里见到年轻的穷画家，当时叫摩西·西格尔的夏加尔。她在回忆录《发红的亮光》（Les Lumières allumées）中这样描写当时两人相见的情景："我很惊异他的眼睛，它们像晴空一样蓝。他的眼睛是不寻常的，不像某个人如杏仁似的椭圆形。我从未见过这样的眼睛，除了在描绘野兽的童话插图上。他的嘴有点儿张开，或许他想说些什么，或许要用他锋利雪白的牙齿咬嚼。他所有的动作都像一只潜伏的野兽的动作。"那一刻，贝尔塔承认，"我不敢抬起眼睛迎合他的目光。他的眼睛……

是天和水的颜色，我在那里，就像在河里游泳。"接着，她怀着沉思写道，"他在想什么呢？我看到深刻在他额上的皱纹。他向我靠近时，我低下我的眼睛。谁都不说话。我们两人都感到我们的心在跳动。这个男孩的脸容，就像我的第二个自我，活在我的心里。此前我没有见过一个艺术家有像他这样的模样。"

真是一见倾心：一个觉得他是她的"第二个自我"，一个认定她才是"我的妻子"。不用说，两人立即就互相爱上了。她在他的身上看到了他的才华，相信可以在他那里寄托她的一生。一年后，她成为他的未婚妻。爱情让马克·夏加尔在这年为贝拉创作出他的第一幅描写她美丽形象的作品《我的戴黑手套的未婚妻》，表达了他对她的真诚的爱。

但是他们没有立即举行婚礼。因为马克要去圣彼得堡；随后，又在圣彼得堡获得一位赞助人提供的生活费去了巴黎。到巴黎后，马克·夏加尔先是在蒙帕纳斯待了一年半，后来迁到专供放荡艺术家居住的那个叫"蜂巢"的住宅区的一个工作室。在这里，夏加尔结识了阿波里耐等先锋派诗人和一些未来的表现主义、立体主义艺术家。他感到，这里什么都让他觉得亲切。他这样写道："在俄罗斯作画，我没有激情，俄罗斯的一切都很昏暗，色调都是灰黄的。来到巴黎后，我为光的闪变而感到震惊。"环境和心理的变化，使夏加尔绘画创作的题材也发生了变化，因而他颇有感触地把巴黎看成是自己的故乡："巴黎，你就是我的维捷布斯克！"

为了艺术，这对爱侣四年没有见面。当然，他们深深地互相思念。夏加尔给未婚妻写信："我挡开月亮，让烛光在室内流淌。选择你，只有你的爱，才是我的渴望……"贝拉唯一能做的就是给未婚夫写温柔的、优美的、诗篇一样的回信。夏加尔深切地感受到她的爱。后来他写道："多年里，是她的爱照亮了我的艺术道路。"

夏加尔画作《我的戴黑手套的未婚妻》

1915年，夏加尔回到了家乡。他对贝拉的爱到了狂热的地步。贝拉也无比地爱着他。虽然她的家人告诉她，跟随一个穷画家，最后是会使她穷到身无分文的，而且在旁人面前也觉得不体面，但是女儿固执己见。这让夏加尔十分感动，他满足地写道："多年里，我一直为我得到的爱所包容。"于是他们在7月15日举行婚礼。在红色的帐幔下，两人一起拥抱、接吻。夏加尔说："今天是我一生中最重要的日子……这就是我的婚礼。"虽然简陋的婚礼上，"看不到天空和星星，也听不见音乐"。一年后，他们生了一个女儿伊达。

夏加尔和贝拉

贝拉很美，而且很有才华。她本可以成为一位有成就的作家或演员，但是她选择把自己的一生献给爱，献给对夏加尔的爱。是她的爱让她作为夏加尔的缪斯，赋予夏加尔创作灵感。夏加尔在自传《我的一生》中曾说到贝拉给予他一种非同寻常的奇异感受。他写道，和贝拉在一起，他"有一种极度平静、轻盈甚至飞跃的感觉"。于是，他就将贝拉赋予他的这种轻盈、飞跃和爱的感觉，表现到画面上。

1915年的《生日》，创作于夏加尔跟贝拉结婚之前不久的一天，画中表现的是夏加尔生日7月6日（俄历6月24日）的场景。贝拉给他送来鲜花，让夏加尔深受感动，他写道："也许我们曾经贫困，当时身边没有鲜花。第一束鲜花是贝拉带给我的……对我来说，这些鲜花闪耀着幸福的生命。人不能没有花。花能使人暂时忘却悲剧，但花也能反映悲剧。"在这幅画中，夏加尔以大红的地毯和红色的桌子，呈现他

夏加尔画作《生日》

因爱而产生的强烈的幸福感。收到贝拉的鲜花后,夏加尔狂喜得飞了起来,然后转身亲吻他的爱妻。从此之后,在他的画作中,始终都洋溢着爱的幸福,将爱与美做出完美的展现。

在1917—1918年间创作的《城市上空》中,夏加尔将故乡维捷布斯克作为画面的背景:这安逸宁静的城市,居民们似乎还都在梦乡之中,只有他和他的贝拉,飘浮在它上空。他怀抱着贝拉,占据画面整个上方的空间,两人的形体几乎完全合二为一,成为一体,像横幅那样悬挂行走的意象。他似乎觉得,如他所说,爱带给他"一种极度平静、轻盈甚至飞跃的感觉"。在他们的下面,则是夏加尔青年时代所记得的受贫困煎熬的犹太区的家乡。这些超越现实、离开地面的意象,表现的都是他与贝拉一起轻盈地飞行和爱的自由激情。

夏加尔画作《城市上空》

像这种轻盈飞跃的感觉,

在夏加尔的其他画作中也都有表现，如1917年的《散步》（或《散步场所》）中，夏加尔表达了他与贝拉结婚的喜悦：他微笑着，右手抓着一只鸟，左手举起贝拉；而贝拉则像一只风筝，高高地升腾到亲爱的夏加尔所站立的地球的上空，他的脚旁是一束鲜红的激情之花。作于1918年的《带花束和酒杯的二重肖像》是夏加尔为纪念他与贝拉这几年的爱情和婚姻而创作的。他的头稍稍偏右，像杂技演员似的，以一只酒杯来平衡躯体，左手盖住贝拉的眼睛，尽可能隐藏他们的陶醉情绪。

夏加尔画作《散步》

夏加尔画过许多以《致我的妻子》为题的画，其中一幅画了贝拉裸体斜躺在床上，这表明夏加尔特别强调与贝拉一起的生活。两人享受了二十九年的婚姻，直至1944年9月贝拉突然去世。

实际上，在夏加尔的创作中，爱的主题始终与贝拉的意象

夏加尔画作《带花束和酒杯的二重肖像》

225

夏加尔画作《蓝色恋人》

联系在一起。专家解读说,在夏加尔各个时期的作品,包括贝拉去世之后的作品中,都能看到贝拉那明亮的黑眼睛。如1914年的脸贴着脸的《蓝色恋人》,1916年拥抱着靠在对方肩上的《粉红恋人》,同一年凝视前方,让男人紧靠在胸前的《灰色恋人》等,可以说,在夏加尔创作的几乎所有的女性上,都可以看出这个特点。

俄罗斯经过两次革命之后,布尔什维克掌握了政权。领导人不理解夏加尔的艺术:他的画上,"为什么牛是绿的,而马在天上飞?"

"他们与马克思和列宁有何共同之处？"贝拉父母经营的三个商店里的宝石、黄金、白银、钟表全被肃反委员会的人员掠走了。贝拉、夏加尔和他们只有两岁的女儿都生活在饥饿线上。贝拉只好去旧货市场一件件变卖她的首饰，来换取面包和黄油，有一次竟遭到拘留。后来被一个好心人收留，全家三人加上保姆，全挤在一个房间里。夏加尔深感故土已非他留恋之地。于是，1922年4月，他们一家带着唯一的行李——他的画作，永别了俄罗斯，首先前往柏林，第二年再去巴黎，从此在那里定居。多年里，仍然有贝拉的爱滋润着他的艺术，贝拉的爱让他度过纳粹入侵时期的梦魇岁月。即使在这些年月里，贝拉仍然是夏加尔创作灵感的源泉和画面的中心。1930年的《杂技演员》以此前《带花束和酒杯的二重肖像》中所描述过的杂技姿态，让画中的贝拉接受他的亲吻。1938年至1939年创作的《埃菲尔塔旁的婚礼》是他再一次对与贝拉的爱和婚姻的感情回荡。

　　1941年7月，夏加尔带着全家去美国避难。但是，幸福的生活不长，薄命的贝拉在1944年感染了流行性感冒。虽然这时第一种抗菌素盘尼西林特效药已经发明，但产量很是有限，且贝拉入住的那家医院的盘尼西林全都用到二战前线去了。贝拉得不到应有的治疗，出现并发症，无法救治，于9月2日死于败血症，未能活到二战结束，享受胜利的喜悦。一个非同寻常的女人！夏加尔悲痛欲绝。四年后，他这样写道："你洁白的翎毛，／在天际飘荡、浮动"，"闪光的墓碑，／在对着我哭泣……"爱的温馨，留存在他的心里，支持他的生活："薄暮，我吻她。在我的心间，她依然是那么的美。贝拉裸体，光洁，文静。贝拉为我摆姿势……"回忆帮他生活下去，但是他的心仍在哭泣："我的爱在哪里，／我的梦在哪里，／我的欢乐在哪里……每日每夜我都听到你的声音。／每次时钟的打鸣我都能听到你的声音。／

夏加尔画作《埃菲尔塔旁的婚礼》

不论谁喊我,我都能听到你的声音。/在你沉默的时候,我也能听到你的声音……"无尽的思念,在他的心底里。

贝拉去世后,留下一个笔记本,这是贝拉平日里用意第绪语记载下来的,内容是回忆她的童年时代和她所经历的事件。夏加尔为它配了六十八幅插图,他们的女儿伊达将它从意第绪语翻译成法文于1946年出版,题为《发红的亮光》。此书后来又被译成俄语出版,题为《热烈的火焰》,是研究夏加尔不可缺少的第一手材料。

贝拉确实可算是夏加尔爱上的一个"不平凡的女人"。那么利奥兹诺的尼娜和杰雅·勃拉赫曼是吉卜赛女子说的他所爱的"两个普通的女人"吗?不,是另外的两个。

1945年,夏加尔与英国外交官戈弗雷·哈格德的小女儿、已经有过一段婚姻生活的弗吉尼亚·伊迪丝·哈格德(Virginia Edith Haggard,1915—2006)结婚,且生有一个孩子。但这段婚姻仅持续了七年,于1952年4月突然终止。弗吉尼亚立即在5月14日嫁给了在英国的比利时摄影家夏尔·雷伦斯。同年,夏加尔也即于7月12日再娶他女儿介绍的俄国犹太女子、昵称"瓦瓦"(Vava)的瓦伦丁娜·布罗茨基(Valentina Brodsky,1905—1993)。这段婚姻一直维持到夏加尔去世,而且妻子对夏加尔的艺术创作也有一些事务性的帮助,但是总不如初恋的贝拉能够给予他激情,赋予他灵感。所以,别说是和弗吉尼亚,就算和瓦瓦,对夏加尔来说也只能是普通的爱情。

20

阿尔玛：一位魔性的缪斯

颇有文化素养的英国女高音歌唱家萨拉·康诺利（Sarah Connolly，1963— ）在2010年12月1日的《卫报》网站上发表了一篇题为《阿尔玛问题》的文章。开头是这样写的：

> 音乐就是音乐，无论是天使或是魔鬼创作的。阿尔玛·马勒无疑是一个恶魔，不过是一个令人着迷的恶魔……她和古斯塔夫·马勒、瓦尔特·格罗皮厄斯和弗兰兹·沃菲尔的婚姻，和许多男人，包括她十七岁时给她第一个吻的古斯塔夫·克里姆特，她的作曲老师、她第一个所爱的人亚历山大·冯·泽姆林斯基，或许是她唯一真正爱的人奥斯卡·考考斯卡的关系，使她成为20世纪最著名的缪斯和魔女。

历史上曾经产生过诸多赋予男性艺术家创造灵感的善良而美丽的缪斯。从阿尔玛·辛德勒和这些大艺术家的此种关系，不难想象，这个异常漂亮的女人大概也曾成为这些艺术家的缪斯；而作为缪斯的同时，她又会是一个魔女吗？看来，世界上没有什么是不可能的。

阿尔玛·玛丽娅·辛德勒（Alma Maria Schindler，1879—1964）生于奥地利享乐主义首都维也纳的一个生活优越而精神忧郁的家庭。父亲埃米尔·雅克布·辛德勒是一位优秀的风景画家，曾荣获过一项著名的艺术奖；1887年，受鲁道夫王储的委托绘制达尔马提亚沿海地区图，因而名声大振，成为哈布斯堡王朝一位重要的艺术家。阿尔玛很崇拜她的父亲，每天都会有好几个小时待在父亲的工作室来陪伴他。父亲也竭力提高她音乐的才能和对文学的兴趣，他给她朗读歌德的《浮士德》，教她欣赏从尼采、叔本华到斯丹达尔、易卜生和其他名作家的经典作品。阿尔玛的母亲安娜·索菲·贝尔根是从汉堡来到维也纳的歌剧歌唱家。表面上看，她是一个最忠实的妻子，但是她在阿尔玛两岁时生下的阿尔玛的妹妹格莱特却是一个遗传性梅毒患者。人们还知道，很多年来，她一直和她丈夫的学生与助手，后来成为"分离派"创始人之一的年轻画家卡尔·莫尔私通。1892年8月9日，埃米尔·辛德勒在他艺术成就最高峰的时刻，在北海的德国岛屿叙尔特死于阑尾炎感染（另外有材料说他是死于纳粹安乐死的实验）。随后，安娜与莫尔成婚。这年阿尔玛十三岁，经历了一次类似哈姆雷特的母亲背叛他父亲的心灵痛苦。

青年时代的阿尔玛

客观条件好或者不好，都可能让人奋发，也可能使人沉沦。阿尔玛有令人倾慕的美貌，又有富裕的生活和罕有的修养，也有丧父之痛，这一切对她来说，究竟是她的幸还是她的不幸？

1897年，就是莫尔成为她继父那年，正当阿尔玛跨入少女成熟的门槛。对一个女孩子来说，这是一个非常重要的时期。剑桥大学的德国和奥地利艺术史专家弗兰克·惠特福德在《奥斯卡·考考斯卡传》中写道：

> 虽然阿尔玛不具古典式的美，但她姣好的容貌也尽会引发许多男性的注意，特别是年纪较大的男性。她一头栗色的秀发和一对明亮透彻的蓝眼睛就是她最好的相貌；即使没有这些，她的举止和她的自信也会给人留下深刻的印象。她很健谈，知识广博，尤其在艺术、音乐和文学方面（这或许是最有力的催情剂——原文如此），并好像总是全神贯注地在倾听男人说的每一句话。那并不表明她真的感兴趣，而是她的轻度耳聋使她不得不聚精会神地去听的关系。

因而似乎就让阿尔玛有条件如萨拉·康诺利说的，成为"一个定会有创造性的天才围绕她身边的女人"。阿尔玛的一生，也可以说都生活在和"创造性天才"们的交往中，从而演绎出一幕幕艺术家和他们的这位缪斯或魔女的离奇故事。

1897年4月，"奥地利分离派美术协会"在维也纳成立，推选古斯塔夫·克里姆特为主席，卡尔·莫尔为副主席。随后，像约瑟夫·奥尔勃里奇、约瑟夫·霍夫曼、科罗曼·莫泽和阿尔弗雷德·罗勒等多位协会成员都成为副主席莫尔家的常客。正处在青春期的阿尔玛，也获准参加他们的聚餐会，并以她的青春美貌受到这些名人的注意。

古斯塔夫·克里姆特（1862—1918）在艺术上主要关注女性形体，从他的许多铅笔画中可以看出，他作品的特色就是表现色情。克里姆特在频繁的聚餐会上，主要的注意力就落在莫尔的这个十七岁的继女身上。他十分欣赏这位异常美丽又有知识的少女，热烈地爱上了她，虽然他要比她大十七八岁。阿尔玛大概也不拒绝他，她在日记中把与他的恋情列为三次主要爱情中的第一次，认为他是自己的第一个情人。她这样写到她第一次性经历时的浪漫狂想：

> 古斯塔夫·克里姆特作为我第一次的伟大的爱进入我的生活，而我那时还是一个天真的孩子，完全融入我的音乐之中，远离我真实的生活。我越是感受这爱，越是沉没到我的音乐之中，所以我的不幸也就成了我喜悦的最大的源泉。

克里姆特从阿尔玛那里获得灵感，为她创作了多幅画像。他们偷偷见面，克里姆特还怂恿她假日与他一起去意大利旅游。阿尔玛也发誓忠实于他。就是在这次旅游中，克里姆特偷到了阿尔玛的第一个亲吻。但是，他们的关系被阿尔玛的父母发现了。阿尔玛在自传中说："我们的爱情被我母亲粗暴地破坏了。她看了我吞吞吐吐写在日记中的话，因而知道我爱的情形，最可怕的是还看到克里姆特吻过我……"卡尔·莫尔强烈要求克里姆特一定要离开他的继女，并承诺今后不再与她保持联系。这件事情也导致了莫尔和克里姆特之间的分裂。

马克斯·布克哈德（1854—1912）也是卡尔·莫尔家的常客。直至1898年，他都担任维也纳"宫廷剧院"的导演，特别是他导演的易卜生、霍普特曼、施尼茨勒、霍夫曼斯塔尔等现代剧作家的作品，受到极高的评价。为阿尔玛的美所震动，他给阿尔玛送戏票，给她买来一本本经典的和现代的文学作品，培养她刚刚萌芽的才华。但是作为一个反犹主义者，他也给阿尔玛灌输了反犹的思想，特别是尼采哲学中的"跌倒了，就再推他一把"这一句，成为阿尔玛指导性的格言，为后来许多倾慕她的人的痛苦遭遇埋下祸根。

不过与绘画或戏剧相比，阿尔玛的心灵告诉她，她更喜欢的是音乐，她觉得自己有音乐天赋，总是被音乐吸引。她喜爱的作曲家中包括舒伯特和舒曼，不过她最喜爱的是理查·瓦格纳，说是"我喜爱他超过世界上任何一个人——我发誓"！为了学习音乐创作，她找了后浪漫主义作曲家、捷克盲钢琴家约瑟夫·拉博尔（1842—1924）。在拉博尔的指导下，阿尔玛创作出一些作品，还为她的这位老师创作了即兴抒情兼有独白的《歌曲》（Lieder）和钢琴曲，风格有如她的日记那么直露而亲切。

为提高自己音乐创作的水准，阿尔玛在1900年春天去找作曲家和指挥家亚历山大·冯·泽姆林斯基（1871—1942）。泽姆林斯基在创作和指挥两方面都有极高的造诣，被认为是维也纳最有前途的一个人。见面后，她在日记中以刻薄的口气说他是个"小个子，没有下巴，眼睛鼓出，举止粗野"，是"一幅漫画像"。不过两人一交谈，就变得融洽了，他们长时间地谈瓦格纳和他的《特里斯坦和绮瑟》。阿尔玛向他表示，这是她喜爱的一部歌剧，泽姆林斯基说他也很喜欢，于是她对他便刮目相看了，她说："我非常喜欢他，非常非常。"

在教学上，泽姆林斯基算得上是一位无人能比的老师，他还曾是大作曲家阿诺德·勋伯格的老师，在他的引导下，阿尔玛根据里尔克、海涅和其他诗人的作品，创作了许多歌曲。

两人一起时，泽姆林斯基被阿尔玛的美貌和艺术修养所打动。于是，阿尔玛这个性感而又有自信的年轻女人和内向的泽姆林斯基之间很快就产生了热烈的爱情。她也爱上这个"丑陋的小侏儒"了，泽姆林斯基也以同样的爱回报。开始，阿尔玛只允许泽姆林斯基吻她和抚摸她。但泽姆林斯基深知如何以他"演奏家的手"来激发她的性欲望，于是她的日记中出现了这样的字句："阿历克斯（泽姆林斯基的爱称）——我的阿历克斯。我渴望在你的圣洗池中——让你丰盈的水倾注进我的体内！"

阿尔玛和泽姆林斯基的恋情大约持续了两年。家人和朋友们觉得他们师生的这种关系是极不恰当的，于是泽姆林斯基不得不中断；也有说泽姆林斯基发现古斯塔夫·马勒也爱着他的这个学生时，就退缩了。

古斯塔夫·马勒（Gustav Mahler，1860—1911）是奥地利籍的犹太作曲家和指挥家，天才的马勒在1897年他三十七岁之时就被提升为"维也纳歌剧院"艺术总监，登上了他职业的顶峰，这是很多指挥家毕生梦寐以求而仍不可得的位置。

马勒于1901年11月7日第一次在奥地利女作家伯莎·祖克康德尔-塞帕斯（1864—1945）的沙龙见到阿尔玛时，就被她的美貌惊呆了。一回到家，马勒就给阿尔玛写了第一封信，当天晚上的聚会上，便向她求婚。随后又接连不断地给她写信，一次比一次急，12月19日的信甚至长达二十页。家人试图说服阿尔玛不要和马勒交往，因为对阿尔玛来说，他比她大二十岁，毕竟

古斯塔夫·马勒

太大了，又有传言说马勒非常穷，而且还患有不治之症。但是……

阿尔玛一直渴望自己能成为一位名人的妻子。虽然马勒当时四十二岁，阿尔玛是二十二岁，而且马勒古板又乏味，但是阿尔玛想，他的名声可以补偿他这枯燥乏味的个性。于是，她投降了，不是向马勒本人，而是向维也纳最伟大的作曲家和指挥家投降。于是，两人于1901年12月23日圣诞节前订婚，这时候离他们刚认识仅一个月多几天。1902年3月9日，他们就在维也纳卡尔教堂那装饰华丽的大厅举行了婚礼。马勒的朋友和双方认识的朋友对他们的婚姻都感到茫然。不过结婚这天，阿尔玛已经怀有他的第一个孩子了。

婚后，他们搬进歌剧院附近的一处公寓，雇了两个保姆和一位英国家教，因为女儿玛利亚·安娜已在1902年11月2日出生——不过她在五岁时就死于白喉。两年后生的第二个女儿安娜后来成为一名雕塑家。

与马勒一起的生活跟阿尔玛以往和她父母一起的外向生活完全不同。马勒讨厌社交，每天都只是死死板板地按部就班干他的活。与马勒结婚甚至使阿尔玛"忘掉"了自己对音乐的兴趣。并不是她不再喜爱音乐，而是在婚前马勒就向她提出，婚后"禁止"她继续她最喜爱的音乐创作，要她为了他做无怨无悔的牺牲，当时她含泪表示顺从。阿尔玛竭力希望在艺术上克制自己，甘愿做一个可爱的妻子，支持丈夫的音乐创作。但是她感到拘束，感到孤独，纵使有两个孩子也无法改变她内心的空虚。但是有研究者认为，实际上阿尔玛并不爱她的丈夫，她也根本不是马勒作品的粉丝，也许只有其中有她音乐"画像"的《第六（悲剧）交响乐》和带有迷信色彩的 Das Lied von der Erde（《大地之歌》）让她喜欢。她只是被马勒无穷的精力、充沛的活力和儿童似的天真所吸引，她似乎从来就没有真心"爱过"马勒。虽然最初

阿尔玛和她的两个孩子

的几年，阿尔玛和马勒的关系还是亲密的，不过慢慢地，阿尔玛感到，马勒虽然爱她，却不能使她幸福，特别是随着女儿玛利亚的死，自己又有一次流产（可能是人工流产），她患上了严重的抑郁症。

1910年5月，阿尔玛带女儿安娜去施泰尔马克的托贝尔巴德温泉镇疗养时，遇到了一位比她还年轻四岁的建筑师，后来成为"包豪斯"（Bauhaus，德国"建筑设计及应用工艺美术学校"）创建者的瓦尔特·格罗皮厄斯（1883—1969），两人产生了爱情。最初，他们的关系还仅限于带着强烈感情的信件。到了9月，阿尔玛就在琢磨："什么时候，你会裸体躺在我的身边，……什么都不能把我们分开，我活着的唯一希望就是要能完完全全成为你的。"

这个时刻很快就到来了，甚至在格罗皮厄斯一次将一封原要寄给阿尔玛的信"错误地"寄给了马勒，以致事情败露之后，他们仍然不顾后果地继续他们的关系。当马勒和阿尔玛去慕尼黑举行一场音乐会时，阿尔玛设法安排和格罗皮厄斯在"摄政旅馆"见了面，睡在了一起。后来两人又机敏地避开马勒，一次次幽会。阿尔玛希望有一个格罗皮厄斯的孩子，她甚至把他们的关系告诉了她母亲。

由于从1908年1月1日在美国大都会指挥瓦格纳的《特里斯坦和绮瑟》开始，两年多时间里，马勒都带着阿尔玛在欧洲各地演出，所以她和格罗皮厄斯中断了联系。1911年2月21日，马勒忍受着40度的体温，在纽约"卡耐基大厅"完成了最后一场音乐会，被诊断出患了严重的"细菌性内膜炎"，回巴黎治疗。于是，阿尔玛给格罗皮厄斯写信，要他去塞纳河畔的纳伊和她见面。不过这次格罗皮厄斯没有来。在巴黎的医生感到无能为力之后，马勒也明白，自己的病，再治疗也没有希望，便要求把他送回维也纳，最后于1911年5月18日去世，那时候他还不到五十一岁。他最后的《第十交响乐》就是在他发现妻子和格罗皮厄斯通奸的1910年夏天，他一生最艰难的时刻创作的。在留存下的手稿上也留下了他流血的呼叫："只有你知道这意味着什么！啊！啊！啊！别了！我的音乐！别了！别了！别了！""我为你而活！也为你为死！阿尔玛呀！"

马勒去世后，阿尔玛继续给格罗皮厄斯写信。格罗皮厄斯来维也纳见这个年轻的寡妇，继续他们的激情。但是马勒的死破坏了她的情绪，她决定在公众面前保持一段时间哀悼之情。格罗皮厄斯和她分开，让她留在维也纳，但向她表示："不管几年，都会期待和渴望见到你。"并保证："只要你需要，我随时随地都会出现。"

两人很快就重新开始通信和见面，虽然不很频繁。但是在悼念期间，阿尔玛仍旧没有减退对其他男人的兴趣。她认识了一个叫鲁道夫·卡默勒的生物学家，协助他做蟾蜍的人工授精和获得性遗传的实验研究。至少卡默勒的妻子相信，他们的实验一直都是在卧室里做的，其含义不言自明。另外，她还认识了奥地利作曲家和指挥家弗朗兹·施赖克，两人也有过风流韵事。

1912年4月12日，在继父卡尔·莫尔家中用餐时，继父向阿尔玛提到了青年画家考考斯卡。奥斯卡·考考斯卡（Oskar Kokoschka，1886—1980）生于奥地利西部多瑙河边的一个叫珀希拉恩的小镇，三岁时随父亲迁居维也

考考斯卡画像

纳，先是进维也纳工艺美术学校学习，1907年至1909年在维也纳工艺制作室接受订件。莫尔因在一个以维也纳酒店业主的名字命名的"哈根艺术"展览会上看到他的作品，并对此留下深刻的印象，便请他为他的继女画一幅肖像。画肖像的地方被安排在维也纳最繁荣的地段之一，一个号称"观景台"之地的莫尔豪华的家。莫尔对继女说考考斯卡是个"年轻的天才"，心想定会引起她的兴趣。考考斯卡宣称阿尔玛第一眼就爱上了他。这似乎不好理解，倒是阿尔玛的带有罗曼蒂克情调和戏剧化的回忆比较可信。据阿尔玛说，第一次的画像是颇有戏剧性的：

> 他带来几张毛糙的画纸来作画。过了一会儿，我告诉他，我不能就这样被盯着让他画，要求我是否可以在他画的时候弹弹钢琴。他开始画了，总是咳嗽，每次都把沾有血迹的手帕藏起来。他的鞋子撕裂了，他的外衣也破了。我们几乎不说话，但他仍然无法着笔。
>
> 他停了下来——突然剧烈地抱住了我。我觉得这种拥抱很奇特。……我没有明确的反应，似乎这已经使他受到了感动。
>
> 他急忙冲了出去，不到一小时，就有一封最美妙的求爱信在我手里了。

正式开始画像的时候，考考斯卡让阿尔玛像达·芬奇"蒙娜丽莎"的原型——意大利弗兰西斯科·德·乔孔达的妻子丽莎·格拉迪那样，摆出她的坐式，露出像她一样神秘的微笑。最后，他画出了一个年轻漂亮的纤弱女子，松散不整的金色头发、窄小而显得有力的嘴……不过阿尔玛自己认为，这幅画中的人物却像意大利文艺复兴时期声名狼藉的博尔吉亚家族的中心人物、与很多艺术家发生过风流韵事的卢克雷西亚·博尔吉亚。

考考斯卡画的阿尔玛像

考考斯卡当时是一个穷困的年轻画家，此前未曾有过女人，见到漂亮的阿尔玛，立即被阿尔玛俘虏了，特别是像她这么一个受到许多男人追逐的名人。他相信她会成为她的缪斯，同时她还可以帮助他，使他有一个身份，从而进入和她一直保持密切关系的艺术圈子。阿尔玛也为考考斯卡所感动。虽然他还没有像她的其他征服者那样著名，但她在他的身上看到了他的才华。于是，从第一次见面起，他们就开始频繁通信，每天都写；认识之后大约两天，他去她住所看她时，两人就上床了。不过她不允许他在她那里过夜，也从不让他像他所希望的那样来控制她。在他们一起去她郊外的家时，她也坚持要他与她各住一个卧室；两人外出旅游待在同一个旅馆时，也要他住另一个房间。研究者认为，她保持这种独立性，或是因为她担心完全沉迷在这种性爱中，或者是对这样全然的沉迷不感兴趣。

阿尔玛的确赋予考考斯卡无穷的灵感。从这第一幅画像开始，直到1915年终止两人的关系，考考斯卡共创作了大约450幅画来描绘阿尔玛和表现他对阿尔玛的激情，其中以《风中的新娘》（Die Windsbraut）最为著名，画作中，画家和阿尔玛正处在颠簸于大海的惊涛骇浪中的一艘小船上。但是有批评家解读说：画面上，艺术家的手交叉插在一起，他的情妇温柔地憩息在他肩上，又仿佛两人躺在月光

241

考考斯卡画作《风中的新娘》

和山景间的一张云彩编织的床上。

随着第一次世界大战的到来,考考斯卡应征加入奥匈军队,阿尔玛与他拉开了距离,重新和格罗皮厄斯联系。1915年,阿尔玛·马勒和瓦尔特·格罗皮厄斯正式结婚,1916年生了一个女儿,沿用瓦尔特母亲的名字,取名曼侬。可惜曼侬在十八岁时死于脊髓灰质炎,即小儿麻痹症。奥地利作曲家阿尔班·贝尔格为她创作了一支小提琴协奏曲,来"纪念一位天使"。

1917年11月,阿尔玛又认识了捷克诗人威弗尔。

弗兰兹·威弗尔(Franz Werfel,1890—1945)是布拉格一位富有的手套商人的儿子,在大学预科读书时就认识弗兰兹·卡夫卡和卡夫卡的好友马克斯·勃罗德。像卡夫卡一样,威弗尔也是一个用德语写作的犹太人,他从没有忘记他的犹太背景。从1911年第一部诗集热烈歌颂人类兄弟情谊的《人类友情》开始,他出版了多部小说和戏剧,其中包括最著名的表现奥斯曼帝国1915年对亚美尼亚人实行种族灭绝的小说《穆萨·达季的四十天》(1933)和描写天主教虔诚女信徒贝尔娜黛特(1844—1879)生平的小说《贝尔娜黛特之歌》(1941)。

威弗尔相貌丑陋,阿尔玛说他是一个"弓形腿、凸嘴唇的犹太人",比她小十一岁,她不喜欢。但他把阿尔玛看成是他的救星,他的女神,一个让他崇拜的人。不过,她去旅馆看他时两人也做爱了。1918年春,阿尔玛怀孕了,生下一个儿子,用的是格罗皮厄斯的姓,叫马丁·格罗皮厄斯。起初,毫不知情的格罗皮厄斯以为这是他的孩

阿尔玛和威弗尔

子，但是阿尔玛与威弗尔仍在继续的关系很快就暴露了。于是，格罗皮厄斯和阿尔玛协议离婚。在马丁因脑积水只活了十个月就夭折之后，阿尔玛和格罗皮厄斯于1920年正式离婚，阿尔玛和威弗尔公开同居，但迟至1929年才结婚。从此，她的姓名就叫阿尔玛·马勒-威弗尔了。

随着1938年希特勒吞并了奥地利，作为犹太人的威弗尔和阿尔玛被迫在这年的夏天逃往法国，在法国一直待到1940年。第二次世界大战德国法西斯入侵和占领法国后，犹太人在法国也不再安全了，他们指望能够移民美国。在马赛时，他们联络上了美国记者——旨在帮助知识分子和艺术家免受纳粹迫害的美国私人救援组织"紧急救援组委会"的代表瓦里安·弗赖。弗赖安排威弗尔夫妇避开由德军占领的"维希法国"的疆界，徒步穿越比利牛斯山，经西班牙到葡萄牙，然后乘船到了纽约，最后在洛杉矶定居下来。

威弗尔因他的《贝尔娜黛特之歌》1942年在美国出版后连续十三周登上"《纽约时报》畅销书"榜首，1943年又被美国导演乔治·西顿搬上银幕，在美国有一定的知名度。他也得益于1946年加入美国国籍，几年后迁居纽约，成为一位文化名人。马勒音乐的伟大捍卫者、著名指挥家和作曲家、纽约"爱乐乐团"的音乐总监伦纳德·伯恩斯坦十分尊重马勒的遗孀，曾请她参加他的几次预演，并声称她是马勒和阿尔班·贝尔格的"在世的"纽带。只是，不管阿尔玛还留有多大的名声，也已经不可能再有机会遇到新一代的男人，重展她的风流了。

阿尔玛确实给诸多作家、艺术家以灵感，是他们的缪斯。但是人们不免要问：她是奥林波斯山上的神性的缪斯，还是地狱里的魔性的缪斯？或者是两者兼有？

后　记

本书的出版，还要从《名作欣赏》杂志说起。

《名作欣赏》创刊于1980年，最初由北岳文艺出版社编辑出版，刊载的都是实实在在鉴赏中外古今文学名著的文章，没有假大空的架势，亦无当时风行一时的满篇新名词、新术语，20世纪末和21世纪初，连续三届蝉联政府最高奖——国家期刊奖、两届全国百种重点社科期刊，红遍全国，吸引了施蛰存、李健吾、程千帆、王瑶、钱谷融、柳鸣九等诸多名家在这里发表文章。是一份为读者所喜爱、作者所钦羡的刊物。

我退休之后，不再撰写研究论文了，便写点欣赏性的小文章，于是也想到这份大型期刊。经一位朋友介绍，我寄了几篇给出版社的席香妮女士。席香妮看过后，觉得还算有点意思，便推荐给《名作欣赏》的副主编田宝琴女士。于是，从1997年起，我的那些探索外国文学作品人物原型的文章便开始在这里连载了好几年，直到由安徽文艺出版社结集出版单行本。这是我最早与北岳文艺出版社的联系。

　　后来，我又对疾病与文化产生兴趣。在出版了三四册这方面的书之后，我写了三篇疾病与作家创作的欣赏性文章《契诃夫：绝症的情绪表露》《癫痫体验和陀思妥耶夫斯基的创作》和《精神分裂：鲁迅和另外几位作家笔下》，投给《名作欣赏》（此时，《名作欣赏》杂志已从北岳文艺出版社分离出来）。责任编辑王朝军先生在2010年和2011年的刊物上发表了我的这三篇文章，并约我写了一篇《吸纳西学一世纪》。这样，虽然没有见过面，我和王朝军先生也就比较熟了。

　　2014年6月，北岳文艺出版社要为杭州青年女作家鲍贝的爱情小说《空阁楼》等三册举办"难得爱情——鲍贝新书分享会"。朝军先生（彼时已调入北岳文艺出版社）受社长委托，特地先来杭州，让我为他请几位中青年评论家参会。可我与今天的中青年学者已经极少有联系了，好在浙江大学每年现当代研究生答辩时，都要我去凑个数，于是我就请浙大的姚晓雷教授帮助请人。在"舒羽咖啡馆"召开的"分享会"结束一起用餐时，年轻的出版社社长和总编辑、诗人续小强就坐在我的对面。此前，小强先生曾赠我一册他的诗集。当时读后，他诗美的意象和字句给我留下深刻的印象。现在见到本人了，我的第一印象就觉得，诗人就该是像他这样的一个俊美的人。闲聊中，小强先生谈起，我可否给他们写一本书。我当时只觉得，这不过是例行的客套，没有在意，后来回忆他当时的神态，又认定他不像是客套。当时我即将完成《上苍的惩罚——梅毒文化史》，但认为此书显然不适合这家文艺出版社。于是后来就将这册《那些巨匠和他们的缪斯女神》的一部分书稿发给王朝军先生。

　　感谢朝军的美意，前几天，他来电话告诉我，说选题已经通过，让我将全书的书稿发给他。

这册书是历经几年，不经意中完成的。

此前，我在写外国文学作品人物原型的时候，就发现不少作家的的确确从他的女伴那儿获得灵感，用文学史上的话说，她们是他的"缪斯"。于是就萌生出写写"缪斯"的故事的想法。但是真的写起来，深感读一两本传记，材料是太不足了，以致多次都因此将写了一半的文章放弃。所以一段时间后就停下来了。后来，有朋友说，这个题材是许多读者所喜爱的，应该坚持下去，我受此鼓励，也就打算重新拾起来。

感谢我原来的单位——浙江省社会科学院对我们退休人员不另眼看待，在科研上给我们提供了与在职人员一样的待遇，使我可以借助单位联系有偿服务的"网络数据统一使用平台"，从这平台上的"读秀""百链"等处查找到许多中文译本中没有的材料。于是，从21世纪初到今天，我写出了二十多篇此类文章。现在删去内容过于单薄的几篇，留下"作家的缪斯"和包括画家、音乐家和摄影家等在内的"艺术家的缪斯"共二十篇。

此前，周实等老朋友曾提醒我，我的句子太长，又比较欧化，还夹杂了太多专有名词的原文，读起来不爽。我虽然承认这毛病，但大概是积习难改吧，这毛病仍然很明显，不过删去专有名词的外文还是很容易的，也就做了。

如今这册书就是这个样子了，也不知会不会使读者喜欢。挨批也该是错有应得。

余凤高于杭州红枫苑　2018年10月